マンガ ゴロ合《あ》わせ

百人一首《ひゃくにんいっしゅ》

キミもかるた取《と》り名人《めいじん》！

同志社女子大学教授　吉海直人【監修】

造事務所【編著】

実務教育出版

この本《ほん》の3つのポイント

一　ゴロ暗記《あんき》で和歌《わか》が覚《おぼ》えられる

この本《ほん》のもっともユニークな特長《とくちょう》が、ゴロ暗記《あんき》だ。上《かみ》の句《く》と下《しも》の句《く》とが連動《れんどう》して覚《おぼ》えられるようになっているよ。

春過《はるす》ぎて　夏来《なつき》にけらし　白妙《しろたえ》の
衣《ころも》ほすてふ《ちょう》　天《あま》の香具山《かぐやま》

ゴロ暗記《あんき》は、右《みぎ》の和歌《わか》の「春過《はるす》ぎ」と「衣《ころも》ほす」とをくっつけて、できるだけかんたんに覚《おぼ》えちゃおう！　という作戦《さくせん》だ。

ゴロ暗記《あんき》　春過《はるす》ぎ、衣干《ころもほ》す

二　取《と》り札《ふだ》のイメージがつかめる

この本《ほん》では、かるた遊《あそ》びをするときに取《と》ることになる、取《と》り札《ふだ》（下《しも》の句《く》の文字《もじ》だけが記《しる》された札《ふだ》）も、そのままの形《かたち》で紹介《しょうかい》しているよ。下《しも》の句《く》を、音《おと》だけでなく、文字《もじ》のレイアウトのイメージ（右《みぎ》から五《ご》・五《ご》・四文字《よんもじ》で表示《ひょうじ》されている）でつかむときに参考《さんこう》にしよう。

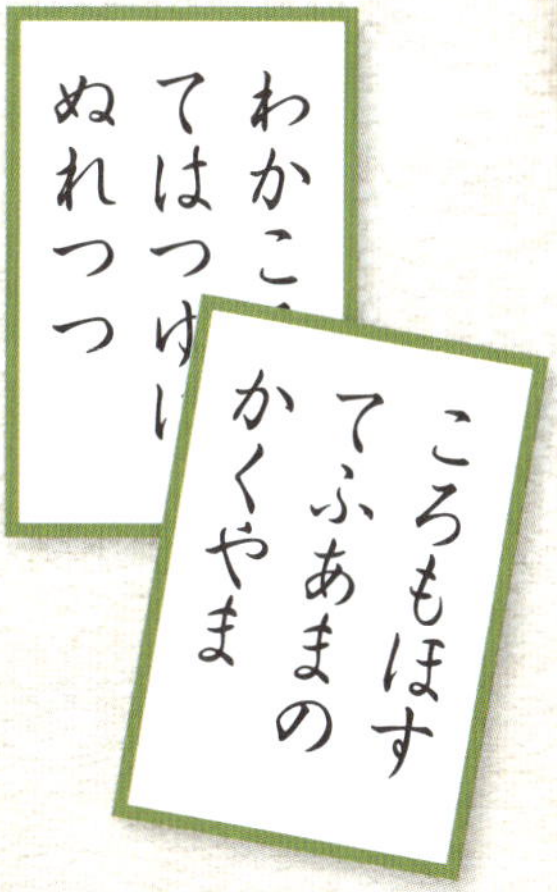

三　イラストと写真《しゃしん》で和歌《わか》の世界《せかい》を感《かん》じる

ゴロ暗記《あんき》のページの下《した》には、和歌《わか》のイメージをとらえたイラストや写真《しゃしん》も掲載《けいさい》されている。解説《かいせつ》を読《よ》んで意味《いみ》がわかったところで、イラストや写真《しゃしん》をながめてみよう。きっと和歌《わか》のイメージが広《ひろ》がって、作者《さくしゃ》が和歌《わか》にこめた想《おも》いを感《かん》じられるようになるよ。

はじめに

ゴロ暗記《あんき》で平安時代《へいあんじだい》の文化《ぶんか》を感《かん》じよう

『百人一首《ひゃくにんいっしゅ》』は、いまから800年《ねん》ほど前《まえ》に藤原定家《ふじわらのていか》という貴族《きぞく》がつくった歌集《かしゅう》です。100人《にん》の歌人《かじん》の和歌《わか》を一人一首《ひとりいっしゅ》ずつ選《えら》んでいるため、この名《な》がつけられており、また定家《ていか》が京都《きょうと》の小倉山《おぐらやま》の山《さん》荘《そう》で選《えら》んだとされることから『小倉百人一首《おぐらひゃくにんいっしゅ》』とも呼《よ》ばれています。

100首《しゅ》のなかには、定家自身《ていかじしん》の歌《うた》もあります。

収《おさ》められている歌《うた》は、古《ふる》いもので7世紀《せいき》の飛鳥時代《あすかじだい》の作《さく》、新《あたら》しいものは13世紀《せいき》の鎌倉時代《かまくらじだい》の作《さく》ですが、一番多《いちばんおお》いのは8～12世紀《せいき》の平《へい》安時代《あんじだい》のものです。平安時代《へいあんじだい》といえば京都《きょうと》で華《はな》やかな貴族文化《きぞくぶんか》が花《はな》開《ひら》いた時代《じだい》です。そのため、『百人一首《ひゃくにんいっしゅ》』を読《よ》めば、きっと平安時《へいあんじ》代《だい》の美《うつく》しい文化《ぶんか》を感《かん》じ、当時《とうじ》の人々《ひとびと》の気持《きも》ちもわかることができるでしょう。

このように『百人一首《ひゃくにんいっしゅ》』は、本来《ほんらい》は歌集《かしゅう》ですが、時代《じだい》を経《へ》るにつれて次第《しだい》にかるた遊《あそ》びの道具《どうぐ》としても使《つか》われるようになっていきました。江戸時代《えどじだい》には絵入《えい》りの歌《うた》がるたが庶民《しょみん》にも広《ひろ》まり、遊《あそ》ばれるようになったとされています。そして、その伝統《でんとう》はいまも残《のこ》り、『百人一首《ひゃくにんいっしゅ》』のかるた取《と》りの遊《あそ》びは、お正月《しょうがつ》の風物詩《ふうぶつし》として人々《ひとびと》に親《した》しまれています。

かるた遊《あそ》びで勝《か》つコツは、なんといっても歌《うた》を覚《おぼ》えることです。31文字《もじ》からなる歌《うた》を100首《しゅ》も覚《おぼ》えるのは大変《たいへん》と思《おも》うかもしれませんが、本書《ほんしょ》では「ゴロ暗記《あんき》」によって、誰《だれ》でも簡単《かんたん》に歌《うた》を覚《おぼ》えられるようになっています。そのゴロを覚《おぼ》えてしまえば、歌《うた》を丸《まる》ごと覚《おぼ》えていなくても、かるたに勝《か》つことができるのです。

この本《ほん》を読《よ》んで『百人一首《ひゃくにんいっしゅ》』のもつ美《うつく》しさを感《かん》じ、さらにゴロ暗《あん》記《き》で覚《おぼ》えて、ぜひかるたで遊《あそ》んでみてください。

この本《ほん》の使《つか》い方《かた》

全部《ぜんぶ》で100首《しゅ》ある和歌《わか》すべてが、左《ひだり》のように2ページで紹介《しょうかい》されているよ。

作者《さくしゃ》

和歌《わか》の作者《さくしゃ》とそのかんたんな説明《せつめい》をつけました。

訳《やく》

和歌《わか》の現代語訳《げんだいごやく》です。

取《と》り札《ふだ》

カルタで使《つか》う取《と》り札《ふだ》をそのまま表示《ひょうじ》しました。

歌番号《うたばんごう》と出典《しゅってん》

和歌《わか》の順番《じゅんばん》を示《しめ》す歌番号《ばんごう》と、その和歌《わか》が収《おさ》められた和歌集《わかしゅう》を示《しめ》しました。

上《かみ》の句《く》

和歌《わか》の上《かみ》の句《く》(はじめの五《ご》・七《しち》・五《ご》の部分《ぶぶん》)です。

解説《かいせつ》

その和歌《わか》がよまれた背景《はいけい》や、和歌《わか》に含《ふく》まれた言葉《ことば》のくわしい意味《いみ》、さらに「掛詞《かけことば》」「枕詞《まくらことば》」といった歌《うた》をつくる際《さい》の技法《ぎほう》について説明《せつめい》します。また、「訳《やく》」や「作者《さくしゃ》」のところで紹介《しょうかい》しきれなかった時代背景《じだいはいけい》や人《にん》間関係《げんかんけい》などにもふれています。

部立《ぶだ》て

百人一首《ひゃくにんいっしゅ》の和歌《わか》は、そのテーマ別《べつ》に8つの部立《ぶだ》てに分類《ぶんるい》されます。ここでは部立《ぶだ》てを左のようなアイコンで示《しめ》しました。

春過《はるす》ぎて　夏来《なつき》にけらし　白妙《しろたえ》の

ころもほす
てふあまの
かくやま

歌番号《うたばんごう》：2、出典《しゅってん》：新古今集《しんこきんしゅう》

訳《やく》

春《はる》が過《す》ぎて、もう夏《なつ》が来《き》てしまったようだ。夏《なつ》になると白《しろ》い衣《ころも》を干《ほ》すといわれる天《あま》の香久《かぐ》山《やま》に、真《ま》っ白《しろ》な着物《きもの》が干《ほ》してあるから。

作者《さくしゃ》

持統天皇《じとうてんのう》(645〜702年《ねん》)

天智天皇《てんじてんのう》の娘《むすめ》。天皇《てんのう》である夫《おっと》と皇太子《こうたいし》が亡《な》くなった後《あと》、女帝《じょてい》となり奈良県《ならけん》に藤原京《ふじわらきょう》を作《つく》った。

山《やま》に夏《なつ》がやってきた!

この歌《うた》は歌番号《うたばんごう》1の天智天皇《てんじてんのう》の娘《むすめ》で、女帝《じょてい》となった持《じ》統天皇《とうてんのう》がよんだもの。親子《おやこ》そろって、百人一首《ひゃくにんいっしゅ》の歌《うた》に選《えら》ばれているのです。

持統天皇《じとうてんのう》が政治《せいじ》を行《おこな》っていた藤原京《ふじわらきょう》から見《み》える天《あま》の香《か》久山《ぐやま》は、その昔《むかし》、天《てん》から降《ふ》ってできたといわれる神聖《しんせい》な山《やま》でした。夏《なつ》になると巫女《みこ》さんの着《き》る白《しろ》い衣《ころも》を干《ほ》す習慣《しゅうかん》があったようです。そのような神々《こうごう》しい山《やま》が、ようやく新緑《しんりょく》のまぶしい夏《なつ》を迎《むか》えたという喜《よろこ》びを、山《やま》の鮮《あざ》やかな「緑《みどり》」と衣《ころも》の「白《しろ》」のコントラストの美《うつく》しさへのすがすがしい感動《かんどう》で表現《ひょうげん》しています。

20

決《き》まり字《じ》

上《かみ》の句《く》の何文字目《なんもじめ》までを読《よ》まれれば、和歌《わか》が１つに特定《とくてい》でき、下《しも》の句《く》が確定《かくてい》するかを示《しめ》しています。この例《れい》では３字決《じき》まりとあるので、「はるすぎて」の「す」までを聞《き》けば、この歌《うた》だと特定《とくてい》でき、「ころもほすてふ」の取《と》り札《ふだ》を取《と》ればよいとわかるのです。

ゴロ暗記《あんき》

上《かみ》の句《く》の冒頭《ぼうとう》と下《しも》の句《く》の冒頭《ぼうとう》を組《く》みあわせて楽《たの》しいフレーズを作《つく》りました。そのフレーズを覚《おぼ》えれば、上《かみ》の句《く》が読《よ》まれただけで、どの取《と》り札《ふだ》をとればよいかがわかります。

決《き》まり字《じ》

その和歌《わか》の決《き》まり字《じ》（左《ひだり》の囲《かこ》み記事《きじ》を参照《さんしょう》）の文字数《もじすう》を示《しめ》します。

ゴロ暗記《あんき》 春過《はるす》ぎ、衣干《ころもほ》す ３字決《じき》まり ★★★

衣《ころも》ほすてふ《ちょう》 天《あま》の香具山《かぐやま》

きみはおうちでお手伝《てつだ》いをしてる？　家事《かじ》のなかでも、洗濯《せんたく》はけっこうな重労働《じゅうろうどう》。ときには洗濯物《せんたくもの》を洗濯機《せんたくき》に入《い》れっぱなしで忘《わす》れちゃったりとか、干《ほ》したものを取《と》りこみ忘《わす》れたりとか、きみのおうちでもあるでしょう？

ここでは、洗濯物《せんたくもの》を干《ほ》すのをサボって、あったかくなってきたらまとめて干《ほ》そうとしているのを想像《そうぞう》してみよう。

干《ほ》している着物《きもの》で山《やま》が真《ま》っ白《しろ》になるってすごいね！

21

ゴロ暗記《あんき》のイメージイラスト

ゴロ暗記《あんき》をよりイメージできる楽《たの》しいイラストを掲載《けいさい》しました。

ゴロ暗記《あんき》の解説《かいせつ》

ゴロ暗記《あんき》のフレーズを文章《ぶんしょう》で解説《かいせつ》しています。

下《しも》の句《く》

和歌《わか》の下《しも》の句《く》（七《しち》・七《しち》の部分《ぶぶん》）です。

イメージイラスト／イメージ写真《しゃしん》

和歌《わか》の世界《せかい》をイメージしたイラストや写真《しゃしん》です。

イラスト／写真《しゃしん》の解説《かいせつ》

イラストや写真《しゃしん》に関係《かんけい》する、短《みじか》い解説《かいせつ》をつけました。

アイコン

春《はる》　夏《なつ》　秋《あき》　冬《ふゆ》

恋《こい》　雑《ざつ》　旅《たび》　別《わか》れ

和歌《わか》の覚《おぼ》え方《かた》

まずは自分《じぶん》の好《す》きな和歌《わか》を見《み》つけて、それを覚《おぼ》えることからはじめよう！

STEP 1

和歌《わか》を声《こえ》に出《だ》して読《よ》んでみて、その響《ひび》きを味《あじ》わう

STEP 2

この本《ほん》の「訳《やく》」や「解説《かいせつ》」を読《よ》んで、和歌《わか》の世界《せかい》をイメージしよう

STEP 3

この本《ほん》の「ゴロ暗記《あんき》」を参考《さんこう》に、暗記《あんき》してみよう

STEP 4

上《かみ》の句《く》を読《よ》んでもらい、下《しも》の句《く》を覚《おぼ》えているかテストしよう

この本《ほん》の「取《と》り札《ふだ》」の部分《ぶぶん》を手《て》で隠《かく》しながら上《かみ》の句《く》を読《よ》んでみて、覚《おぼ》えているかを確認《かくにん》するのもいいね！

もくじ

次《つぎ》のページから、いよいよ百人一首《ひゃくにんいっしゅ》の歌《うた》を１つずつ紹介《しょうかい》していくよ！

秋《あき》の田《た》の かりほの庵《いお》の 苫《とま》をあらみ

わかころも
てはつゆに
ぬれつつ

歌番号《うたばんごう》：1、出典《しゅってん》：後撰集《ごせんしゅう》

訳《やく》

秋《あき》に田《た》んぼのほとりに建《た》てた小屋《こや》は、草《くさ》を編《あ》んだ屋根《やね》の目《め》があらいので、そこで見張《みは》り番《ばん》をする私《わたし》の着物《きもの》のそでは、夜露《よつゆ》でびっしょりだ。

作者《さくしゃ》

天智天皇《てんじてんのう》（626～671年《ねん》）
大化《たいか》の改新《かいしん》で権力者《けんりょくしゃ》の蘇我氏《そがし》を滅《ほろ》ぼして天皇《てんのう》になり、都《みやこ》を奈良《なら》から滋賀県《しがけん》の大津《おおつ》にうつした。

田《た》んぼの番《ばん》をしているよ！

田《た》んぼが稲《いね》の収穫《しゅうかく》を迎《むか》える秋《あき》。農民《のうみん》は田《た》んぼのそばに簡単《かんたん》な小屋《こや》を建《た》てて、夜《よる》、鳥《とり》や動物《どうぶつ》に荒《あ》らされないように徹夜《てつや》で番《ばん》をしました。小屋《こや》の屋根《やね》は粗末《そまつ》なので一晩《ひとばん》じゅう露《つゆ》が落《お》ちてきて、着物《きもの》のそでがぬれ続《つづ》けている、というさびしい情景《じょうけい》をよんだのがこの歌《うた》です。

じつは作者《さくしゃ》の天智天皇《てんじてんのう》はとても身分《みぶん》が高《たか》いので、実際《じっさい》には田《た》んぼの収穫作業《しゅうかくさぎょう》も、夜《よる》の番《ばん》もしていません。ですが農作業《のうさぎょう》の大変《たいへん》さを理解《りかい》し、農民《のうみん》の気持《きも》ちをわかってくれる心《こころ》やさしい天皇《てんのう》と慕《した》われていたので、いつしか天智《てんじ》天皇《てんのう》が作《つく》った歌《うた》である、といわれるようになったのです。

我《わ》が衣手《ころもで》は 露《つゆ》に濡《ぬ》れつつ

ゴロ暗記《あんき》 秋《あき》のわかいころ

3字《じ》決《き》まり ★★★

秋《あき》になると、自分《じぶん》の若《わか》いころを思《おも》い出《だ》すおじいさん。どうしてかというと、秋《あき》になると道路《どうろ》にたくさん落《お》ちてくる木《き》の葉《は》っぱで、いろいろな遊《あそ》びをしていたからなんだって。

そんなことをイメージしながら作《つく》ったゴロ暗記《あんき》がこれだ。途中《とちゅう》に「い」が入《はい》っているけど、それはゴロ暗記《あんき》用《よう》にたしたものだからあしからず（笑）。

雨《あま》もりで、服《ふく》がぬれちゃったんだね。

春《はる》過《す》ぎて 夏《なつ》来《き》にけらし 白妙《しろたえ》の

ころもほす
てふあまの
かくやま

歌番号《うたばんごう》：2、出典《しゅってん》：新古今集《しんこきんしゅう》

訳《やく》

春《はる》が過《す》ぎて、もう夏《なつ》が来《き》てしまったようだ。夏《なつ》になると白《しろ》い衣《ころも》を干《ほ》すといわれる天《あま》の香具《かぐ》山《やま》に、真《ま》っ白《しろ》な着物《きもの》が干《ほ》してあるから。

作者《さくしゃ》

持統天皇《じとうてんのう》（645～702年《ねん》）
天智天皇《てんじてんのう》の娘《むすめ》。天皇《てんのう》である夫《おっと》と皇太子《こうたいし》が亡《な》くなった後《あと》、女帝《じょてい》となり奈良県《ならけん》に藤原京《ふじわらきょう》を作《つく》った。

山《やま》に夏《なつ》がやってきた！

この歌《うた》は歌番号《うたばんごう》1の天智天皇《てんじてんのう》の娘《むすめ》で、女帝《じょてい》となった持《じ》統天皇《とうてんのう》がよんだもの。親子《おやこ》そろって、百人一首《ひゃくにんいっしゅ》の歌《うた》に選《えら》ばれているのです。

持統天皇《じとうてんのう》が政治《せいじ》を行《おこな》っていた藤原京《ふじわらきょう》から見《み》える天《あま》の香《か》具山《ぐやま》は、その昔《むかし》、天《てん》から降《ふ》ってできたといわれる神聖《しんせい》な山《やま》でした。夏《なつ》になると巫女《みこ》さんの着《き》る白《しろ》い衣《ころも》を干《ほ》す習慣《しゅうかん》があったようです。そのような神々《こうごう》しい山《やま》が、ようやく新緑《しんりょく》のまぶしい夏《なつ》を迎《むか》えたという喜《よろこ》びを、山《やま》の鮮《あざ》やかな「緑《みどり》」と衣《ころも》の「白《しろ》」のコントラストの美《うつく》しさへのすがすがしい感動《かんどう》で表現《ひょうげん》しています。

衣《ころも》ほすてふ《ちょう》 天《あま》の香《か》具山《ぐやま》

ゴロ暗記《あんき》 **春過《はるす》ぎ、衣干《ころもほ》す** 3字決《じき》まり ★★★

きみはおうちでお手伝《てつだ》いをしてる？　家事《かじ》のなかでも、洗濯《せんたく》はけっこうな重労働《じゅうろうどう》。ときには洗濯物《せんたくもの》を洗濯機《せんたくき》に入《い》れっぱなしで忘《わす》れちゃったりとか、干《ほ》したものを取《と》りこみ忘《わす》れたりとか、きみのおうちでもあるでしょう？

ここでは、洗濯物《せんたくもの》を干《ほ》すのをサボって、あったかくなってきたらまとめて干《ほ》そうとしているのを想像《そうぞう》してみよう。

天気《てんき》のいい日《ひ》は衣《ころも》を干《ほ》したいね！

干《ほ》している着物《きもの》で山《やま》が真《ま》っ白《しろ》になるってすごいね！

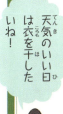

あしびきの 山鳥《やまどり》の尾《お》の しだり尾《お》の

なかなかし
よをひとり
かもねむ

歌番号《うたばんごう》：3、出典《しゅってん》：拾遺集《しゅういしゅう》

訳《やく》

まるで山鳥《やまどり》の長《なが》い尾《お》が垂《た》れさがっているように長《なが》い長《なが》い夜《よる》を、私《わたし》は一人《ひとり》ぼっちで寂《さび》しく寝《ね》るのでしょうか。

作者《さくしゃ》

柿本人麻呂《かきのもとのひとまろ》（生没年不明《せいぼつねんふめい》）
持統天皇《じとうてんのう》に仕《つか》えた、奈良時代《ならじだい》の有名《ゆうめい》な歌人《かじん》。後《のち》に「歌聖《かせい》」（歌《うた》の神様《かみさま》）と呼《よ》ばれた。人丸《ひとまる》とも。

一人《ひとり》で寝《ね》るのは寂《さび》しいよ！

「秋《あき》の夜《よる》は長《なが》いから、愛《あい》する人《ひと》を思《おも》いながら一人《ひとり》で寝《ね》るなんて寂《さび》しすぎるよ！」という恋《こい》の嘆《なげ》きの歌《うた》です。

恋《こい》の歌《うた》になぜ「山鳥《やまどり》」が出《で》てくるのでしょうか。キジの仲間《なかま》である山鳥《やまどり》は、オスの尾《お》がとても長《なが》いのが特徴《とくちょう》。そしてオスとメスは、昼間《ひるま》は仲良《なかよ》く一緒《いっしょ》にいるのに、夜《よる》になると谷《たに》を隔《へだ》てて別々《べつべつ》に眠《ねむ》るという習性《しゅうせい》があるといわれています。

長《なが》い尾《お》に「長《なが》い夜《よる》」を重《かさ》ね、恋《こい》する人《ひと》がそばにいなくて寂《さび》しい気持《きも》ちを表現《ひょうげん》するために、山鳥《やまどり》を使《つか》って表現《ひょうげん》するところが、さすが歌《うた》の神様《かみさま》の作品《さくひん》なのです。

ながながし夜《よ》を ひとりかも寝《ね》む《ん》

ゴロ暗記《あんき》

足ながなが!

2字決《じき》まり ★★

「ながながし」というリズム感《かん》のあることばを、ゴロ暗《あん》記《き》でも利用《りよう》しよう。

学校《がっこう》で、足《あし》が長《なが》くて頭《あたま》の小《ちい》さい、モデルのような男子《だんし》を発見《はっけん》! 超《ちょう》カッコイイ～と目《め》がハートになってしまったよ。まだ話《はな》したことはないけれど、あのスタイルにときめいちゃった! そんな気持《きも》ちを「足《あし》ながなが!」と表現《ひょうげん》しよう。

一人《ひとり》で孤独《こどく》に過《す》ごす夜《よる》は、長《なが》く感《かん》じられるものだよ。

田子《たご》の浦《うら》に うち出《い》でて見《み》れば 白妙《しろたえ》の

雪景色《ゆきげしき》の富士山《ふじさん》に感動《かんどう》

ふしのたか
ねにゆきは
ふりつつ

歌番号《うたばんごう》：4、出典《しゅってん》：新古今集《しんこきんしゅう》

訳《やく》

田子《たご》の浦《うら》に出《で》てみると、遠《とお》くそびえる富士山《ふじさん》の頂上《ちょうじょう》には、しきりと雪《ゆき》が降《ふ》っているのが見《み》える。すばらしい景色《けしき》だ。

作者《さくしゃ》

山部赤人《やまべのあかひと》（生没年不明《せいぼつねんふめい》）
奈良時代初期《ならじだいしょき》に宮廷《きゅうてい》に仕《つか》えた歌人《かじん》。柿本人麻呂《かきのもとのひとまろ》と並《なら》び「歌聖《かせい》」（歌《うた》の神様《かみさま》）と呼《よ》ばれた。山辺《やまべ》とも。

田子《たご》の浦《うら》は、今《いま》の静岡県富士市《しずおかけんふじし》にある海岸《かいがん》で、昔《むかし》から富士山《ふじさん》を眺《なが》める名所《めいしょ》と言《い》われています。

その田子《たご》の浦《うら》に出《で》た作者《さくしゃ》の山部赤人《やまべのあかひと》は、海岸越《かいがんご》しに見《み》える富士山《ふじさん》の雪景色《ゆきげしき》のすばらしさに感動《かんどう》して、この歌《うた》をよみました。

本当《ほんとう》は、この海岸《かいがん》から富士山《ふじさん》ははるか遠《とお》くにあるので、「頂上《ちょうじょう》に雪《ゆき》がしきりと降《ふ》っている」という様子《ようす》まで見《み》えるはずはありません。しかし冬《ふゆ》の海辺《うみべ》から見《み》える、白《しろ》い富士山《ふじさん》の美《うつく》しさに感動《かんどう》するあまり、頂上《ちょうじょう》に雪《ゆき》がしんしんと降《ふ》っている様子《ようす》をイメージして歌《うた》にしたのです。

富士《ふじ》の高嶺《たかね》に　雪《ゆき》は降《ふ》りつつ

富士山《ふじさん》は昔《むかし》から日本《にほん》を代表《だいひょう》する山《やま》なんだね！

ゴロ暗記《あんき》　タコのフジ

2字決《じき》まり ★★

この歌《うた》は２字決《じき》まり、つまり「たご」ときたらすぐ「ふじ」を取《と》りにいっていい。そこでゴロ暗記《あんき》も単純《たんじゅん》かつ短《みじか》く作《つく》ってみた。

「たご」の「ご」は「こ」だということにすれば、「たこ」になるね。そこで「タコみたいな富士山《ふじさん》」をイメージしてみよう。まるで想像《そうぞう》できないかもしれないけど、8本《ぽん》ある足《あし》が富士山《ふじさん》のすそ野《の》を表《あらわ》しているんだ！

海辺《うみべ》から見《み》る富士山《ふじさん》は本当《ほんとう》に美《うつく》しいよ。

奥山《おくやま》に 紅葉《もみじ》ふみわけ 鳴《な》く鹿《しか》の

こゑきくと
きそあきは
かなしき

歌番号《うたばんごう》：5、出典《しゅってん》：古今集《こきんしゅう》

訳《やく》

人《ひと》けのない奥深《おくぶか》い山《やま》のなかで、散《ち》った紅葉《こうよう》を踏《ふ》み分《わ》けて鳴《な》く鹿《しか》の声《こえ》が聞《き》こえる。秋《あき》のものの悲《がな》しさが身《み》にしみて感《かん》じられるなあ。

作者《さくしゃ》

猿丸太夫《さるまるだいふ》（生没年不明《せいぼつねんふめい》）
歌《うた》の名人集団《めいじんしゅうだん》「三十六歌仙《さんじゅうろくかせん》」の一人《ひとり》だが、じつは本当《ほんとう》にいたかどうかわからない、謎《なぞ》の人物《じんぶつ》。

鹿《しか》の鳴《な》き声《ごえ》が寂《さび》しい秋《あき》

鹿《しか》は秋《あき》になると、オスがメスを求《もと》めて「ピィーッ」と大《おお》きな声《こえ》で鳴《な》きます。だから「鹿《しか》の声《こえ》」は昔《むかし》の人《ひと》にとっては「秋《あき》」を表《あらわ》す言葉《ことば》でした。

秋《あき》の人里離《ひとざとはな》れた奥山《おくやま》で、鹿《しか》が散《ち》り積《つ》もった紅葉《こうよう》を踏《ふ》んでいるカサカサとした音《おと》や、オスの鳴《な》き声《ごえ》を聞《き》くと、だんだん寒《さむ》くなってくる秋《あき》がますます悲《かな》しく感《かん》じるという情景《じょうけい》を歌《うた》ったものです。

秋《あき》が深《ふか》まって、自然界《しぜんかい》の動物《どうぶつ》や植物《しょくぶつ》が衰《おとろ》えたり枯《か》れたりする様子《ようす》は、人間《にんげん》の存在《そんざい》のはかなさにも通《つう》じる情感《じょうかん》でもあったのでしょう。

声《こえ》聞《き》くときぞ　秋《あき》はかなしき

ゴロ暗記《あんき》

奥山《おくやま》に声《こえ》

2字決《じき》まり ★★

２字決《じき》まりなので、「おく」ときたらこの歌《うた》だと反応《はんのう》してかまわないのだけれど、ここでは「おくやまに」までを含《ふく》めてゴロ暗記《あんき》しよう。なぜなら、そのほうが覚《おぼ》えやすいから。

山登《やまのぼ》りなどをしていて、遠《とお》くの山奥《やまおく》から、生《い》き物《もの》の鳴《な》き声《ごえ》を聞《き》いたことはないかな？　シカやクマなど、ふだん聞《き》き慣《な》れない声《こえ》だとびっくりするよね。

鹿《しか》が散《ち》った紅葉《こうよう》を踏《ふ》む音《おと》をイメージしてみよう。

かささぎの 渡《わた》せる橋《はし》に 置《お》く霜《しも》の

しろきをみ
れはよそふ
けにける

歌番号《うたばんごう》：6、出典《しゅってん》：新古今集《しんこきんしゅう》

訳《やく》

七夕《たなばた》の夜《よる》はかささぎが天《あま》の川《がわ》に橋《はし》をかけるというが、冬《ふゆ》の宮中《きゅうちゅう》の階段《かいだん》もその橋《はし》のように霜《しも》で白《しろ》くなっている。夜《よる》も更《ふ》けたなあ。

作者《さくしゃ》

中納言家持《ちゅうなごんやかもち》（718?～785年《ねん》）

歌《うた》の名人集団《めいじんしゅうだん》「三十六歌仙《さんじゅうろくかせん》」の一人《ひとり》で、奈良時代《ならじだい》の和歌集《わかしゅう》「万葉集《まんようしゅう》」をまとめた中心人物《ちゅうしんじんぶつ》。

冬《ふゆ》に七夕《たなばた》を思《おも》い浮《う》かべた

かささぎはカラスよりやや小《ちい》さく、羽《はね》とお腹《なか》の一部《いちぶ》が白《しろ》い鳥《とり》です。中国《ちゅうごく》の伝説《でんせつ》では、七夕《たなばた》の夜《よる》に織姫《おりひめ》が彦星《ひこぼし》に無事《ぶじ》に会《あ》いに行《い》けるように、天《あま》の川《がわ》をかささぎがつばさを連《つら》ねて並《なら》び橋《はし》になったといわれています。

冬《ふゆ》の寒《さむ》い夜《よる》に、宮中《きゅうちゅう》の階段《かいだん》が霜《しも》で真《ま》っ白《しろ》になっている様子《ようす》を見《み》てその伝説《でんせつ》を思《おも》い出《だ》し、霜《しも》が降《お》りるほど夜《よる》がすっかり更《ふ》けている様子《ようす》を歌《うた》いました。

奈良時代《ならじだい》なので、宮中《きゅうちゅう》というのは平城京《へいじょうきょう》のこと。宮中《きゅうちゅう》の階段《かいだん》は、位《くらい》の高《たか》い人《ひと》の部屋《へや》にかかっていて、その階段《かいだん》を「天《てん》にかかる橋《はし》」と見立《みた》てているのです。

白《しろ》きを見《み》れば 夜《よ》ぞ更《ふ》けにける

ゴロ暗記《あんき》 かさ、白《しろ》!

2字《じ》決《き》まり ★★

学校《がっこう》やお店《みせ》、会社《かいしゃ》にはたいていかさ立《だ》てがあるよね。でも、かさ立《だ》てにたくさんのかさがあると、自分《じぶん》のかさがどれなのか、わからなくなってしまう経験《けいけん》はないかな?

そんなとき、かさに名前《なまえ》をつけていればいいのだけど、つけ忘《わす》れていたなら、色《いろ》を目印《めじるし》にするのがいいね。「どのかさ?」と聞《き》かれたときのことを想像《そうぞう》しよう。

七夕《たなばた》は夏《なつ》だけど、この歌《うた》の舞台《ぶたい》は冬《ふゆ》だね。

天《あま》の原《はら》 ふりさけ見《み》れば 春日《かすが》なる

みかさのや
まにいてし
つきかも

歌番号《うたばんごう》：7、出典《しゅってん》：古今集《こきんしゅう》

訳《やく》

広々《ひろびろ》とした大空《おおぞら》に月《つき》が出《で》ているのが見《み》える。この月《つき》は日本《にほん》の故郷《こきょう》の春日《かすが》にある、三笠山《みかさやま》の上《うえ》に出《で》ている月《つき》と同《おな》じなんだなあ。

作者《さくしゃ》

阿倍仲麻呂《あべのなかまろ》（698?～770年《ねん》）
10代《だい》で遣唐留学生《けんとうりゅうがくせい》として中国《ちゅうごく》の唐《とう》にわたり、玄宗《げんそう》皇帝《こうてい》に仕《つか》える。日本《にほん》に帰国《きこく》できず、唐《とう》で亡《な》くなった。

早《はや》く日本《にほん》に帰《かえ》りたい！

この歌《うた》は唐《とう》（当時《とうじ》の中国《ちゅうごく》）でよまれたものです。10代《だい》で遣唐留学生《けんとうりゅうがくせい》として唐《とう》に渡《わた》った阿倍仲麻呂《あべのなかまろ》は、唐《とう》の皇帝《こうてい》にかわいがられたため、日本《にほん》への帰国《きこく》が許《ゆる》されたのはなんと50歳《さい》を過《す》ぎてからでした。

送別会《そうべつかい》の席《せき》で、空《そら》に浮《う》かぶ月《つき》を見《み》た仲麻呂《なかまろ》は「この月《つき》は、昔《むかし》、故郷《こきょう》の三笠山《みかさやま》に出《で》ていたあの月《つき》と同《おな》じなのだなあ」と、ようやく日本《にほん》に帰《かえ》れる喜《よろこ》びを感慨《かんがい》深《ぶか》く詠《よ》んだのです。しかし仲麻呂《なかまろ》を乗《の》せた船《ふね》は暴風雨《ぼうふうう》にあって流《なが》されてしまい、仲麻呂《なかまろ》はついに日本《にほん》に帰《かえ》ることができず、唐《とう》で一生《いっしょう》を終《お》えました。

三笠《みかさ》の山《やま》に 出《い》でし月《つき》かも

昔《むかし》は日本《にほん》と中国《ちゅうごく》は簡単《かんたん》に行《い》き来《き》できなかったんだ！

ゴロ暗記《あんき》 海女《あま》のみ傘《かさ》 3字《じ》決《き》まり ★★★

海《うみ》の中《なか》にもぐってウニなどの海産物《かいさんぶつ》を獲《と》るのが、海女《あま》さんだ。そんな海女《あま》さんは、海《うみ》にもぐるのが仕事《しごと》だから、当然《とうぜん》もぐったあとはぬれているものだ。

でも、海女《あま》さんを陸《りく》まで連《つ》れて帰《かえ》ってくれる船《ふね》の船長《せんちょう》さんは、雨《あめ》がふってくると海女《あま》さんだけにかさを差《さ》し出《だ》すんだって。なんだかおかしな話《はなし》だよね。もうすでにビショビショなのに。

作者《さくしゃ》の、日本《にほん》に帰《かえ》りたいという気持《きも》ちを考《かんが》えるとせつないね。

我《わ》が庵《いお》は 都《みやこ》のたつみ しかぞ住《す》む

よをうちや
まとひとは
いふなり

歌番号《うたばんごう》：8、出典《しゅってん》：古今集《こきんしゅう》

訳《やく》

私《わたし》の家《いえ》は都《みやこ》のはるか東南《とうなん》にあり、こうして心《こころ》静《しず》かに暮《く》らしている。世間《せけん》は私《わたし》が「世《よ》を憂《う》いて隠《かく》れている」と言《い》っているようだが。

作者《さくしゃ》

喜撰法師《きせんほうし》（生没年不明《せいぼつねんふめい》）
平安初期《へいあんしょき》の6人《にん》の歌《うた》の名人《めいじん》「六歌仙《ろっかせん》」の一人《ひとり》といわれている僧侶《そうりょ》。宇治山《うじやま》に住《す》んでいたといわれる。

人《ひと》はいろいろ言《い》うけれど…

出家《しゅっけ》して、京《きょう》の都《みやこ》から離《はな》れた宇治山《うじやま》に住《す》んでいる喜撰《きせん》法師《ほうし》のことを、世間《せけん》の人々《ひとびと》は「なにか辛《つら》いことがあったからだ」「世《よ》を憂《う》いて隠《かく》れている」などとうわさしているようです。でも当《とう》の喜撰法師《きせんほうし》は「全然辛《ぜんぜんつら》いことなんかありません。こうやって心静《こころしず》かにすごしておりますぞ」と、まるで笑《わら》い飛《と》ばしているような情景《じょうけい》が浮《う》かびます。

「たつみ」とは十二支《じゅうにし》の辰《たつ》と巳《み》ですが、東南《とうなん》の方角《ほうがく》をさします。昔《むかし》は十二支《じゅうにし》を方位《ほうい》にあてて方角《ほうがく》を表《あらわ》しました。「うぢ山《やま》」は、地名《ちめい》の「宇治《うじ》」と「憂《ゆう》し（辛《つら》い）」をかけた言葉《ことば》として使《つか》っています。

世《よ》をうぢ《じ》山《やま》と 人《ひと》はいふ《う》なり

ゴロ暗記《あんき》 **わが世《よ》をウジウジ** ｜ 3字《じ》決《き》まり ★★★

「どうせオレはダメなんだ……」「わたしなんかがんばったってしょうがない」

　こんなふうにウジウジいっている人《ひと》はいないかな？このゴロ暗記《あんき》では、そんな光景《こうけい》をイメージしてみよう。

　もっと具体的《ぐたいてき》に想像《そうぞう》したければ、「テストの点《てん》がまだ発表《はっぴょう》されていないのに、『全然《ぜんぜん》できなかった』とイジけている」ところを思《おも》い浮《う》かべてみよう。

世間《せけん》は世間《せけん》、わたしはわたし、という心持《こころも》ちだね。

花《はな》の色《いろ》は 移《うつ》りにけりな いたづら《ず》に

わかみよに
ふるなかめ
せしまに

歌番号《うたばんごう》：9、出典《しゅってん》：古今集《こきんしゅう》

訳《やく》

桜《さくら》の花《はな》の色《いろ》が、長雨《ながあめ》にあたるうちにすっかり色《いろ》あせてしまったように、私《わたし》も物思《ものおも》いにふけっている間《あいだ》に、容姿《ようし》が衰《おとろ》えてしまった。

作者《さくしゃ》

小野小町《おののこまち》（生没年不明《せいぼつねんふめい》）

六歌仙《ろっかせん》、三十六歌仙《さんじゅうろっかせん》の一人《ひとり》という歌《うた》の名人《めいじん》であり、「絶世《ぜっせい》の美女《びじょ》」と伝《つた》えられている。

私《わたし》も歳《とし》をとったわね…（涙《なみだ》）

小野小町《おののこまち》といえば、エジプトのクレオパトラ、中国《ちゅうごく》の楊貴妃《ようきひ》とならぶ「世界三大美女《せかいさんだいびじょ》」の一人《ひとり》。しかも一流《いちりゅう》の歌人《かじん》でもある小野小町《おののこまち》は、まさに才色兼備《さいしょくけんび》でした。

そんな小野小町《おののこまち》でも、時《とき》がたち、気《き》がつくと「すっかり年老《としお》いてしまったわ…」と、容姿《ようし》が衰《おとろ》えた自分《じぶん》にため息《いき》をついているというのがこの歌《うた》です。

花《はな》というのは桜《さくら》のこと。長雨《ながあめ》に打《う》たれて散《ち》っていく桜《さくら》を眺《なが》めながら、きれいに咲《さ》く時間《じかん》があまりにも短《みじか》かった桜《さくら》を、自分《じぶん》の容姿《ようし》が美《うつく》しかった若《わか》いころに重《かさ》ねたのでしょう。

わが身《み》世《よ》にふる ながめせし間《ま》に

ゴロ暗記《あんき》 **花《はな》の色《いろ》、わがなか** | 3字《じ》決《き》まり ★★★

このゴロ暗記《あんき》で覚《おぼ》えるには、ちょっと解説《かいせつ》が必要《ひつよう》かもしれないから、情景《じょうけい》を説明《せつめい》しよう。

にぎりこぶしをつくったおかあさんが、子《こ》どもに「この手《て》のなかに、お花《はな》が入《はい》っています。さてその花《はな》の色《いろ》は何色《なにいろ》でしょう？」と質問《しつもん》します。つまり、「花《はな》の色《いろ》、わが（手《て》の）中《なか》」という意味《いみ》だね。子《こ》どもって、こういう遊《あそ》びが大好《だいす》きだよね！

美《うつく》しさを、「花《はな》の色《いろ》」と表現《ひょうげん》したんだね。

これやこの 行《ゆ》くも帰《かえ》るも 別《わか》れては

しるもしら
ぬもあふさ
かのせき

歌番号《うたばんごう》：10、出典《しゅってん》：後撰集《ごせんしゅう》

訳《やく》

これがうわさの、都《みやこ》から行《い》く人《ひと》も帰《かえ》る人《ひと》も、知《し》っている人《ひと》も知《し》らない人《ひと》もここで出会《であ》い、別《わか》れるという、あの逢坂《おうさか》の関《せき》なのか。

作者《さくしゃ》

蝉丸《せみまる》（生没年不明《せいぼつねんふめい》）
伝説上《でんせつじょう》の人物《じんぶつ》で、盲目《もうもく》の琵琶《びわ》（インド生《う》まれの弦楽器《げんがっき》）の名手《めいしゅ》といわれている。

関所《せきしょ》でモニタリング中《ちゅう》

逢坂《おうさか》の関《せき》は、今《いま》の京都府《きょうとふ》と滋賀県《しがけん》の境界《きょうかい》、逢坂山《おうさかやま》にあった関所《せきしょ》です。ここで蝉丸《せみまる》は、集《あつ》まっては分《わ》かれていく人々《ひとびと》の様子《ようす》をじっと見《み》ていました。都《みやこ》から東《ひがし》の国《くに》へ下《くだ》る人《ひと》、反対《はんたい》に都《みやこ》へ帰《かえ》ってくる人《ひと》、お互《たが》いに知《し》っている人《ひと》、知《し》らない人《ひと》……。ここで出会《であ》っては別《わか》れ、別《わか》れては出会《であ》っている様子《ようす》に、「出会《であ》いと別《わか》れを繰《く》り返《かえ》す、まるで人生《じんせい》そのもののようだ」と感《かん》じたのです。「逢坂《おうさか》」は地名《ちめい》ですが、「人《ひと》と逢《あ》う（会《あ》う）」も掛《か》けています。

「これやこの」「行《ゆ》くも帰《かえ》るも」「知《し》るも知《し》らぬも」の3句《く》がとてもリズミカルなのも特徴《とくちょう》です。

知《し》るも知《し》らぬも 逢坂《おうさか》の関《せき》

ゴロ暗記《あんき》 これ、汁《しる》？

2字《じ》決《き》まり ★★

「これやこの」「知《し》るも知《し》らぬも」という上《かみ》の句《く》と下《しも》の句《く》の冒頭《ぼうとう》がリズミカルで印象的《いんしょうてき》な歌《うた》だね。

みそ汁《しる》のことを、たんに「汁《しる》」ともいうんだけど、ふつうみそ汁《しる》には、なにか具《ぐ》が入《はい》っているものだよね。代表的《だいひょうてき》なところでは、おとうふとかかな。でも、そんな具《ぐ》がはいっていなかったら、どうしよう？　きっと作《つく》ってくれた人《ひと》が、具《ぐ》を入《い》れるのを忘《わす》れちゃったんだね！

「駅《えき》」をイメージすると、この歌《うた》の感《かん》じがわかるよ。

わたの原《はら》 八十島《やそしま》かけて こぎ出《い》でぬと

ひとにはつ
けよあまの
つりふね

歌番号《うたばんごう》：11、出典《しゅってん》：古今集《こきんしゅう》

訳《やく》

「広々《ひろびろ》とした大海原《おおうなばら》に浮《う》かぶたくさんの島《しま》を目指《めざ》して、私《わたし》は舟《ふね》をこぎ出《だ》しました」と都《みやこ》に伝《つた》えておくれ、漁師《りょうし》の釣《つ》り舟《ぶね》よ。

作者《さくしゃ》

参議篁《さんぎたかむら》（802~852年《ねん》）
平安初期《へいあんしょき》の漢詩人《かんしにん》で、和歌《わか》にも優《すぐ》れた才能《さいのう》をもっていた。隠岐《おき》の島《しま》に流《なが》されたが後《のち》に許《ゆる》された。

島流《しまなが》しにされても強《つよ》い決意《けつい》

作者《さくしゃ》の小野篁《おののたかむら》は、遣唐副使《けんとうふくし》に任命《にんめい》されたのですが、壊《こわ》れた船《ふね》に乗《の》るように言《い》われたことに対《たい》する怒《いか》りから、唐《とう》に渡《わた》ることを断《ことわ》りました。そのため嵯峨上皇《さがじょうこう》の命令《めいれい》で、罰《ばつ》として島根県《しまねけん》の隠岐《おき》の島《しま》へ流《なが》されることになってしまったのです。

そのときによんだこの歌《うた》は、見知《みし》らぬ土地《とち》に向《む》かう不安《ふあん》や孤独《こどく》の気持《きも》ちがありながらも、作者《さくしゃ》の旅立《たびだ》ちの力強《ちからづよ》い決意《けつい》が表《あらわ》れています。2年後《ねんご》には許《ゆる》されて京《きょう》にもどり、実力《じつりょく》を発揮《はっき》して「参議《さんぎ》」という高《たか》い地位《ちい》まで出世《しゅっせ》しました。

人《ひと》には告《つ》げよ あまのつり舟《ぶね》

ゴロ暗記《あんき》

わたの人《ひと》

6字《じ》決まり ★★★★★★

さぁ、今日《きょう》は船《ふね》にのって海釣《うみづ》りだ、たくさん釣《つ》るぞ～！　と思《おも》って船《ふね》に乗《の》り込《こ》んだら、なんだかカカシみたいな人《ひと》の形《かたち》をしたものが船《ふね》に乗《の》っているぞ。よく見《み》たら、なかに綿《わた》がギッシリつまっているようだ。どうして船《ふね》に人形《にんぎょう》が乗《の》っているんだ!?

……そんな状況《じょうきょう》をイメージしよう。なんだかシュールだけど、魚《さかな》を集《あつ》めるおまじないなのかもしれないよ。

じつは、島流《しまなが》しの船《ふね》で作《つく》った歌《うた》だというからすごいね。

天《あま》つ風《かぜ》 雲《くも》の通《かよ》ひ路《じ》 吹《ふ》きとぢよ

をとめのすかたしはしととめむ

歌番号《うたばんごう》：12、出典《しゅってん》：古今集《こきんしゅう》

訳《やく》

空《そら》に吹《ふ》く風《かぜ》よ、雲《くも》の中《なか》の通《とお》り道《みち》を閉《と》じてくれ。天女《てんにょ》のように舞《ま》うこの美《うつく》しい少女《しょうじょ》たちを、もう少《すこ》しここにとどめておきたいのだ。

作者《さくしゃ》

僧正遍昭《そうじょうへんじょう》（816～890年《ねん》）

35歳《さい》で出家《しゅっけ》する前《まえ》の名前《なまえ》は良岑宗貞《よしみねのむねさだ》。桓武天皇《かんむてんのう》の孫《まご》。歌《うた》の名人《めいじん》「六歌仙《ろっかせん》」の一人《ひとり》。

なんて美《うつく》しい舞《まい》だ！

作者《さくしゃ》の僧正遍昭《そうじょうへんじょう》はお坊《ぼう》さんですが、この歌《うた》はお坊《ぼう》さんになる前《まえ》、良岑宗貞《よしみねのむねさだ》として仁明天皇《にんみょうてんのう》に仕《つか》えていたときのものです。

宮中《きゅうちゅう》の年中行事《ねんちゅうぎょうじ》のひとつに、収穫《しゅうかく》を祝《いわ》う儀式《ぎしき》「豊明《とよのあかり》の節会《せちえ》」があります。そのなかで披露《ひろう》される「五節《ごせち》の舞《まい》」を踊《おど》るのは、身分《みぶん》のある人《ひと》の娘《むすめ》たちで、みな美少女《びしょうじょ》ぞろい。作者《さくしゃ》はこの少女《しょうじょ》たちの舞《まい》の美《うつく》しさにたいへん感動《かんどう》し、少女《しょうじょ》たちを天女《てんにょ》に見立《みた》て、「舞《まい》が終《お》わっても帰《かえ》らないで、もう少《すこ》し地上《ちじょう》にいてほしい」と呼《よ》びかけるつもりで歌《うた》ったのです。

を《お》とめの姿《すがた》　しばしとどめむ《ん》

ゴロ暗記《あんき》　**あまったおとめ**　3字決《じき》まり ★★★

運動会《うんどうかい》などでよくあるダンスは、男女《だんじょ》ペアでおどることが多《おお》いよね。でもクラスによっては男子《だんし》と女子《じょし》の数《かず》が合《あ》わなくて、男子同士《だんしどうし》とか女子同士《じょしどうし》でペアを組《く》むことだってある。そんなペアの人《ひと》が、楽《たの》しそうにおどる男女《だんじょ》のペアを見《み》てつぶやいたのが、このゴロ暗記《あんき》だ。

でも、女子同士《じょしどうし》や男子同士《だんしどうし》のペアだからといってスネないようにね！

天女《てんにょ》でも人間《にんげん》でも、おどりをおどる人《ひと》はきれいだよね。

筑波嶺《つくばね》の 峰《みね》より落《お》つる みなの川《がわ》

こひそつも
りてふちと
なりぬる

歌番号《うたばんごう》：13、出典《しゅってん》：後撰集《ごせんしゅう》

訳《やく》

筑波山《つくばさん》の頂上《ちょうじょう》から流《なが》れる男女川《みなのがわ》の、水《みず》かさが増《ま》して深《ふか》いふちとなるように、私《わたし》のあなたへの恋心《こいごころ》も積《つ》もりに積《つ》もってしまいました。

作者《さくしゃ》

陽成院《ようぜいいん》（868～949年《ねん》）
清和天皇《せいわてんのう》の皇子《おうじ》で、9歳《さい》で天皇《てんのう》になったが17歳《さい》で退位《たいい》させられて、上皇《じょうこう》になった。

あなたへの愛《あい》がとまらない！

茨城県《いばらきけん》の筑波山《つくばさん》は、男体山《なんたいさん》と女体山《にょたいさん》の二《ふた》つの峰《みね》をもち、その間《あいだ》には男女川《みなのがわ》という川《かわ》が流《なが》れています。当時《とうじ》は筑波《つくば》山《さん》といえば「恋《こい》」を連想《れんそう》させる場所《ばしょ》として、歌《うた》によくよまれていました。このように和歌《わか》に題材《だいざい》としてよまれた、全国《ぜんこく》の名所《めいしょ》を「歌枕《うたまくら》」といいます。

陽成院《ようぜいいん》がこの歌《うた》をよんだのは、実際《じっさい》に筑波山《つくばさん》に行《い》ったからではなく、愛《あい》する人《ひと》への思《おも》いが日増《ひま》しに強《つよ》くなり、「もうがまんできない！」という気持《きも》ちを表現《ひょうげん》したかったからでしょう。恋《こい》の相手《あいて》は光孝天皇《こうこうてんのう》の皇女《こうじょ》。この高《たか》まる気持《きも》ちは実《みの》り、ふたりは結婚《けっこん》しました。

恋《こい》ぞつもりて　淵《ふち》となりぬる

川《かわ》の水《みず》のように恋心《こいごころ》が溢《あふ》れているんだね！

ゴロ暗記《あんき》

筑波《つくば》こいつも!?

2字《じ》決《き》まり ★★

筑波大学《つくばだいがく》を知《し》ってるかな？　茨城県《いばらきけん》つくば市《し》や東京都《とうきょうと》にキャンパスがある、とっても有名《ゆうめい》な国立大学《こくりつだいがく》だ。

ある大《おお》きな会社《かいしゃ》の課長《かちょう》さん、春《はる》に新入社員《しんにゅうしゃいん》を迎《むか》えたので、その出身《しゅっしん》の学校《がっこう》を聞《き》いてみると、「筑波大学《つくばだいがく》です」「わたしも筑波《つくば》です」「同《おな》じです」と、次《つぎ》から次《つぎ》へと筑波大学出身者《つくばだいがくしゅっしんしゃ》が！　そんな状況《じょうきょう》をイメージすると、覚《おぼ》えやすいね。

山《やま》をながめて恋《こい》を連想《れんそう》するなんて、ロマンティックだね。

陸奥《みちのく》の しのぶもぢ《じ》ずり 誰《たれ》ゆゑ《え》に

みたれそめ
にしわれな
らなくに

歌番号《うたばんごう》：14、出典《しゅってん》：古今和歌集《こきんわかしゅう》

訳《やく》

陸奥《むつ》の国《くに》で作《つく》られる布《ぬの》「しのぶもぢずり」の乱《みだ》れ模様《もよう》のように、私《わたし》は恋《こい》する気持《きも》ちで心《こころ》が乱《みだ》れています。あなたのせいですよ。

作者《さくしゃ》

河原左大臣《かわらのさだいじん》（822～895年《ねん》）
本名《ほんみょう》は源融《みなもとのとおる》といい、嵯峨天皇《さがてんのう》の皇子《おうじ》。『源氏物語《げんじものがたり》』の主人公《しゅじんこう》、光源氏《ひかるげんじ》のモデルという説《せつ》もある。

私《わたし》の心《こころ》は恋《こい》に乱《みだ》れまくり！

福島県信夫地方《ふくしまけんしのぶちほう》の染《そ》め物《もの》「しのぶもぢずり」の特徴《とくちょう》である「乱《みだ》れ模様《もよう》」を、恋《こい》する気持《きも》ちでかき乱《みだ》された作者《さくしゃ》の恋心《こいごころ》に重《かさ》ねてよんだ歌《うた》です。「しのぶ」は「忍《しの》ぶ」、つまり恋心《こいごころ》をがまんするという意味《いみ》です。

「私《わたし》の心《こころ》が乱《みだ》れるのは一体《いったい》だれのせいだと思《おも》っていますか？」「私《わたし》のせいではないですよ」という思《おも》いが、それぞれ「誰《たれ》ゆゑに」、「我《われ》ならなくに」と表現《ひょうげん》されていますが、これはずばり、「あなたのせいなんですよ」と言《い》っているのと同《おな》じ。恋《こい》する相手《あいて》への変《か》わらぬ愛《あい》と複雑《ふくざつ》な気持《きも》ちを言葉《ことば》にしているのです。

乱《みだ》れそめにし　我《われ》ならなくに

ゴロ暗記《あんき》　未知《みち》の苦《く》、乱《みだ》れぞめ　2字決《じき》まり ★★

上《かみ》の句《く》の「陸奥《みちのく》」を「未知《みち》の苦《く》」と、ちょっとこわ～い感《かん》じにアレンジしてみたよ。

おかあさんやおねえちゃんが、美容院《びよういん》で髪《かみ》の色《いろ》を染《そ》めてもらうことに。髪染《かみぞ》めには時間《じかん》がかかるから、やってもらうあいだについウトウトしちゃうことも多《おお》いんだけど、そんなウトウトからさめると、髪《かみ》の色《いろ》がメチャメチャに！　これはまさに「未知《みち》の苦《く》」だ！

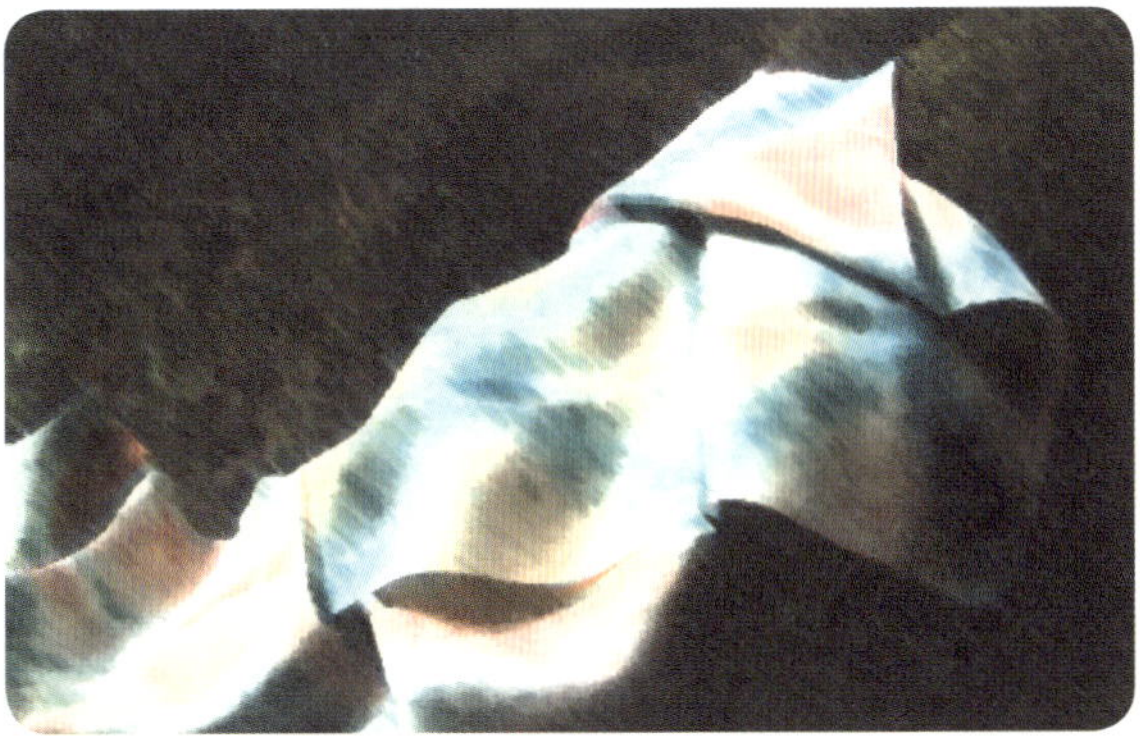

これが、名産《めいさん》しのぶもぢずりだ。

君《きみ》がため 春《はる》の野《の》に出《い》でて 若菜《わかな》つむ

わかころも
てにゆきは
ふりつつ

歌番号《うたばんごう》：15、出典《しゅってん》：古今集《こきんしゅう》

訳《やく》

あなたに差《さ》し上《あ》げるため、春《はる》の野《の》に出《で》かけて若菜《わかな》をつんでいます。春《はる》とはいえ着物《きもの》の袖《そで》には、はらはらと雪《ゆき》が降《ふ》り続《つづ》けていますが。

作者《さくしゃ》

光孝天皇《こうこうてんのう》（830〜887年《ねん》）
仁明天皇《にんみょうてんのう》の皇子《おうじ》。陽成天皇《ようぜいてんのう》のあとをうけて、55歳《さい》で天皇《てんのう》になった。

プレゼントに歌《うた》を添《そ》えて

大事《だいじ》な人《ひと》に健康《けんこう》になってほしいと願《ねが》い、早春《そうしゅん》のまだ雪《ゆき》が降《ふ》るなかで若菜《わかな》を摘《つ》んでプレゼント。この歌《うた》はそこに添《そ》えられたメッセージカードのような役割《やくわり》をしている歌《うた》で、作者《さくしゃ》の穏《おだ》やかでやさしい人柄《ひとがら》がよく表《あらわ》れています。

若菜《わかな》とは、早春《そうしゅん》に芽吹《めぶ》く、食《た》べられる草《くさ》のこと。現代《げんだい》でも、正月《しょうがつ》に春《はる》の七草《ななくさ》（せり、なずな、ごぎょう、はこべら、ほとけのざ、すずな、すずしろ）のはいった「七《なな》草《くさ》がゆ」を食《た》べる習慣《しゅうかん》があります。七草《ななくさ》がゆを食《た》べると、その年《とし》は病気《びょうき》や災《わざわ》いが払《はら》われて、元気《げんき》に過《す》ごせるといわれていますが、この時代《じだい》から受《う》け継《つ》がれているのですね。

わが衣手《ころもで》に 雪《ゆき》は降《ふ》りつつ

ゴロ暗《あん》記《き》 **黄身《きみ》かためは、わがこゆき** | 6字《じ》決《き》まり ★★★★★★

「きみがため」ではじまる歌《うた》がもう1つあるから、この歌《うた》はその次《つぎ》の「は」が決《き》まり字《じ》。つまり6字《じ》決《き》まりの歌《うた》なんだ。下《しも》の句《く》からは「わがこ」と「ゆき」をピックアップしたよ。

きみがおかあさんだとしよう。そして子《こ》どもの名前《なまえ》は「こゆき」。こゆきは黄身《きみ》を固《かた》めにゆでたゆで卵《たまご》が大《だい》好《す》きなんだって!

七草《ななくさ》がゆって、とても歴史《れきし》のあるものなんだね。

立《た》ち別《わか》れ いなばの山《やま》の 峰《みね》に生《お》ふる

まつとしき
かはいまか
へりこむ

歌番号《うたばんごう》：16、出典《しゅってん》：古今集《こきんしゅう》

訳《やく》

お別《わか》れして、私《わたし》は因幡《いなば》の国《くに》に赴任《ふにん》しますが、いなば山《やま》の松《まつ》のように、私《わたし》を「待《ま》つ」という声《こえ》を聞《き》いたら、すぐに帰《かえ》ってきますよ。

作者《さくしゃ》

中納言行平《ちゅうなごんゆきひら》（818〜893年《ねん》）
在原行平《ありわらのゆきひら》。17番《ばん》の在原業平《ありわらのなりひら》とは母《はは》の違《ちが》う兄弟《きょうだい》。855年《ねん》、因幡《いなば》の国《くに》の国司《こくし》に任命《にんめい》された。

地方《ちほう》に転勤《てんきん》する役人《やくにん》の歌《うた》

作者《さくしゃ》の在原行平《ありわらのゆきひら》は38歳《さい》のとき、因幡《いなば》の国《くに》（鳥取県《とっとりけん》）の国司《こくし》に任命《にんめい》されました。その旅立《たびだ》ちの前《まえ》にお別《わか》れ会《かい》の席《せき》で、集《あつ》まった人《ひと》にこの歌《うた》を送《おく》りました。

いなばの山《やま》は松《まつ》が多《おお》いことでも有名《ゆうめい》です。その松《まつ》に「待《ま》つ」を重《かさ》ねています。「みんなが私《わたし》を待《ま》つといってくれれば、私《わたし》はすぐに帰《かえ》ってきますよ」と言《い》っているものの、国司《こくし》の仕事《しごと》の任期《にんき》は4〜5年《ねん》。すぐには帰《かえ》ってくることなどできません。この言葉《ことば》には行平《ゆきひら》の「私《わたし》のことを忘《わす》れないでください。そしてどうか待《ま》っていてください」という気持《きも》ちが込《こ》められているのでしょう。

まつとし聞《き》かば 今帰《いまかえ》り来《こ》む《ん》

ゴロ暗記《あんき》

立《た》ち分《わ》かれ、マット敷《し》き

2字《じ》決《き》まり ★★

体育《たいいく》の授業《じゅぎょう》、今日《きょう》はマット運動《うんどう》だ。体育館《たいいくかん》へ行《い》き、マットをしいて、あらかじめ決《き》められた班《はん》ごとに分《わ》かれて列《れつ》を作《つく》って待機《たいき》。しかし……なぜか先生《せんせい》がこない！　どうなってるの？　とクラスメートはブーブー。

学校《がっこう》で、こんなことはないかな？　先生《せんせい》だって忙《いそが》しかったり、うっかり遅刻《ちこく》してしまうこともある。ちょっとくらいは待《ま》ってあげようよ。

「松《まつ》」と「待《ま》つ」は、意味《いみ》が重複《ちょうふく》しているんだ。

ちはやぶる 神代《かみよ》も聞《き》かず 龍田川《たつたがわ》

からくれな
ゐにみつく
くるとは

歌番号《うたばんごう》：17、出典《しゅってん》：古今和歌集《こきんわかしゅう》

訳《やく》

不思議《ふしぎ》なことが多《おお》いといわれる神代《じんだい》にも、聞《き》いたことがない。龍田川《たつたがわ》に紅葉《こうよう》が散《ち》って、川《かわ》の水《みず》をこれほど真《ま》っ赤《か》に染《そ》めているなんて。

作者《さくしゃ》

在原業平朝臣《ありわらのなりひらあそん》（825～880年《ねん》）

六歌仙《ろっかせん》の一人《ひとり》。16番《ばん》在原行平《ありわらのゆきひら》の異母弟《いぼてい》で絶世《ぜっせい》の美男子《びだんし》。『伊勢物語《いせものがたり》』の主人公《しゅじんこう》のモデルといわれる。

びょうぶの絵《え》をほめているよ

この歌《うた》は実際《じっさい》に、龍田川《たつたがわ》の紅葉《こうよう》を見《み》て歌《うた》ったものではありません。この時代《じだい》は、高貴《こうき》な人《ひと》の屋敷《やしき》にあるびょうぶの絵《え》を見《み》ながら、想像《そうぞう》で歌《うた》をつくることがはやりました。これを「びょうぶ歌《うた》」といいますが、この歌《うた》もそんなびょうぶ歌《うた》のひとつ。

作者《さくしゃ》は、日本史上《にほんしじょう》でも一番《いちばん》のイケメン男子《だんし》の一人《ひとり》といわれるほど美男子《びだんし》の在原業平《ありわらのなりひら》。今《いま》は天皇《てんのう》の妻《つま》となってしまった昔《むかし》の恋人《こいびと》に呼《よ》ばれてお屋敷《やしき》に行《い》き、このびょうぶ歌《うた》をよみました。龍田川《たつたがわ》の真《ま》っ赤《か》な紅葉《こうよう》は、かつて愛《あい》し合《あ》った二人《ふたり》の情熱《じょうねつ》に例《たと》えられているのでしょう。

からくれなゐ《い》に水《みず》くくるとは

ゴロ暗記《あんき》 血《ち》、歯《は》からくれ

2字決《じき》まり ★★

このゴロ暗記《あんき》はかなり強引《ごういん》だけど、人《ひと》によってはイメージしやすいかもしれないね。

夜《よる》、道《みち》を歩《ある》いているとむこうから吸血鬼《きゅうけつき》が！　あわてて逃《に》げようとすると、「歯《は》ぐきから血《ち》を吸《す》わせろ」とヘンなことをいいだした。吸血鬼《きゅうけつき》はふつう、首筋《くびすじ》にキバを当《あ》てるものだけど、それは好《この》みではないらしい。ちょっとヘンタイなのかもしれないね。

競技《きょうぎ》かるたの世界《せかい》を描《えが》いたマンガでもおなじみの歌《うた》だ。

住《すみ》の江《え》の 岸《きし》に寄《よ》る波《なみ》 よるさへや

ゆめのかよ
ひちひとめ
よくらむ

歌番号《うたばんごう》：18、出典《しゅってん》：古今集《こきんしゅう》

訳《やく》

住《すみ》の江海岸《えかいがん》による波《なみ》のように、夜《よる》の夢《ゆめ》のなかでさえも、あなたはなぜ、私《わたし》を避《さ》けようとするのでしょうか……。

作者《さくしゃ》

藤原敏行朝臣《ふじわらのとしゆきあそん》（?～901?年《ねん》）

三十六歌仙《さんじゅうろくかせん》の一人《ひとり》で、和歌《わか》だけでなく書道《しょどう》にも優《すぐ》れていたといわれている。

せめて夢《ゆめ》に出《で》てきて！

愛《あい》する人《ひと》に対《たい》して「昼間《ひるま》は人《ひと》の目《め》が気《き》になるから会《あ》えないのもしかたありません。でも私《わたし》を本当《ほんとう》に愛《あい》しているのなら、夜《よる》、せめて夢《ゆめ》のなかでもいいから、会《あ》いにきてほしい」と願《ねが》う気持《きも》ちを、男性《だんせい》の作者《さくしゃ》が女性《じょせい》の気持《きも》ちになって表現《ひょうげん》した歌《うた》です。この時代《じだい》は、夢《ゆめ》の中《なか》に恋人《こいびと》が現《あらわ》れれば、その人《ひと》が自分《じぶん》を愛《あい》してくれている証拠《しょうこ》だと考《かんが》えられていたのです。

「住《すみ》の江《え》」は、今《いま》の大阪市住吉区《おおさかしすみよしく》のあたりで、昔《むかし》は海岸《かいがん》に広《ひろ》がる松《まつ》で有名《ゆうめい》なところでした。その「松《まつ》」に「待《ま》つ」を掛《か》けて、恋《こい》の歌《うた》によく使《つか》われています。

夢《ゆめ》の通《かよ》ひ《い》路《じ》　人目《ひとめ》よくらむ《ん》

ゴロ暗記《あんき》　スミの夢《ゆめ》

1字《じ》決まり ★

このゴロ暗記《あんき》には、妙《みょう》にタコがたくさん出《で》てくる気《き》がしない？　というつぶやきは置《お》いといて、「スミの夢《ゆめ》」だ。ここでいう「スミ」は、タコが吐《は》くスミのこと。

タコにあこがれる子《こ》どもが、夢《ゆめ》でタコになりスミを吐《は》いているところをイメージしてみよう。えっ、別《べつ》にイカでもいいんじゃないかって？　もちろんイカでも OK だよ！（笑）

夢《ゆめ》で好《す》きな人《ひと》と会《あ》えたら、うれしいよね。

難波潟《なにわがた》 短《みじか》き葦《あし》の ふしの間《ま》も

お願《ねが》いだから私《わたし》に会《あ》って！

あはてこの
よをすくし
てよとや

歌番号《うたばんごう》：19、出典《しゅってん》：新古今集《しんこきんしゅう》

訳《やく》

難波潟《なにわがた》に生《は》えている葦《あし》の、節《ふし》と節《ふし》の間《あいだ》くらいのほんの短《みじか》い時間《じかん》でさえも会《あ》わないで、このままでいろとおっしゃるのですか。

作者《さくしゃ》

伊勢《いせ》（877年《ねん》？～938年《ねん》？）
伊勢守《いせのかみ》、藤原継蔭《ふじわらのつぐかげ》の娘《むすめ》。三十六歌仙《さんじゅうろくかせん》の一人《ひとり》。宇多《うだ》天皇《てんのう》の中宮《ちゅうぐう》・温子《おんし》に仕《つか》えた。

18番《ばん》の歌《うた》に出《で》てきた「住之江《すみのえ》」よりも少《すこ》し北《きた》にある「難波潟《なにわがた》」は、イネ科《か》の植物《しょくぶつ》「葦《あし》」が茂《しげ》っていることで有名《ゆうめい》なところです。その節《ふし》と節《ふし》の間《あいだ》はとても短《みじか》いことから、「短《みじか》き葦《あし》のふしの間《ま》も」で「ほんの少《すこ》しの時間《じかん》」を表現《ひょうげん》しています。

この歌《うた》は失恋《しつれん》の歌《うた》といわれています。作者《さくしゃ》は愛《あい》する人《ひと》へ「ほんの少《すこ》しの時間《じかん》でいいのに、会《あ》ってくれない」という悲《かな》しさと、「あなたが心変《こころが》わりをしているなら、もう二度《にど》と会《あ》えないかも」といった不安《ふあん》な気持《きも》ちを手紙《てがみ》にして送《おく》りました。作者《さくしゃ》は恋多《こいおお》き女性《じょせい》として有名《ゆうめい》です。

逢《あ》は《わ》でこの世《よ》を 過《す》ぐしてよとや

ゴロ暗記《あんき》 **なにわがあわてんぼう** 4字決《じき》まり ★★★★

この歌《うた》は4字決《じき》まりで、88番《ばん》の歌《うた》も「なにわえの」ではじまる。くれぐれも「なにわ」だけを聞《き》いて早《はや》とちりしないように！

「なにわ」といえば大阪《おおさか》の中心地《ちゅうしんち》として有名《ゆうめい》。通天閣《つうてんかく》やグリコの看板《かんばん》、くいだおれ人形《にんぎょう》などが、なにわの名物《めいぶつ》だ。そんななにわのおっちゃんおばちゃんが、なにかよくわからないけどあわてているところをイメージしよう。

今《いま》も昔《むかし》も、失恋《しつれん》は創作意欲《そうさくいよく》をかきたてるものなんだね。

わびぬれば 今《いま》はた同《おな》じ 難波《なにわ》なる

みをつくし
てもあはむ
とそおもふ

歌番号《うたばんごう》：20、出典《しゅってん》：後撰集《ごせんしゅう》

訳《やく》

さんざん悩《なや》んだので、もうどうなっても同《おな》じことだ。難波《なにわ》にある澪標《みおつくし》のように、身《み》を尽《つ》くしても、とにかくあなたに会《あ》いたいのです。

作者《さくしゃ》

元良親王《もとよししんのう》（890～943年《ねん》）

13番《ばん》・陽成院《ようぜいいん》の第一皇子《だいいちみこ》だが、天皇《てんのう》にはなれなかった。恋多《こいおお》き男性《だんせい》として有名《ゆうめい》。

なんとしても会《あ》いたい！

19番《ばん》に続《つづ》いて、切《せつ》ないほど恋人《こいびと》に会《あ》いたい気持《きも》ちを表《ひょう》現《げん》した歌《うた》です。こちらは男性《だんせい》で、しかも元天皇《もとてんのう》の皇子《みこ》ですが、禁《きん》じられた恋《こい》をしていて、そのことが世間《せけん》に知《し》られて人々《ひとびと》のうわさになってしまったことで、罰《ばつ》として謹《きん》慎《しん》させられたのです。

難波《なにわ》の港《みなと》には、「澪標《みおつくし》」といって、舟《ふね》の道《みち》しるべとなる杭《くい》がたくさん立《た》てられています。それと「命《いのち》をかける」という意味《いみ》の「身《み》をつくし」と意味《いみ》を重《かさ》ねました。「命《いのち》をかけてでもあなたに会《あ》いたい！」と願《ねが》う、作者《さくしゃ》の情熱《じょうねつ》が伝《つた》わってきます。

みをつくしても 逢《あ》は《わ》む《ん》とぞ思《おも》ふ《う》

ゴロ暗記《あんき》 詫《わ》び身《み》をつくし

2字決《じき》まり ★★

上《かみ》の句《く》の「わび」を、「おわび」という意味《いみ》に、また下《しも》の句《く》の「みをつくし」を「全身全霊《ぜんしんぜんれい》で」という意味《いみ》にとれば、「全身全霊《ぜんしんぜんれい》、全力《ぜんりょく》でおわびする」ということになるよね。

ここでは、なにか失敗《しっぱい》をしてしまった人《ひと》が、どハデな土下座《どげざ》をする、というシーンを思《おも》い浮《う》かべてみよう。本人《ほんにん》は真剣《しんけん》だけど、なんだか笑《わら》ってしまうかも!?

むかしは、身分違《みぶんちが》いの恋《こい》はなかなか認《みと》められなかったんだ。

今《いま》来《こ》む《ん》と 言《い》ひ《い》しばかりに 長月《ながつき》の

ありあけの
つきをまちい
てつるかな

歌番号《うたばんごう》：21、出典《しゅってん》：古今集《こきんしゅう》

訳《やく》

あなたが「今《いま》すぐ行《い》くよ」と言《い》ったから待《ま》っていたのに、気《き》がつけばもう9月《がつ》。有明《ありあけ》の月《つき》が見《み》えるまで待《ま》ってしまいました。

作者《さくしゃ》

素性法師《そせいほうし》（生没年不明《せいぼつねんふめい》）
三十六歌仙《さんじゅうろくかせん》の一人《ひとり》。12番《ばん》の僧正遍昭《そうじょうへんじょう》の息子《むすこ》。父《ちち》のすすめで出家《しゅっけ》した。

もう、待《ま》ちくたびれた～

百人一首《ひゃくにんいっしゅ》には恋《こい》の歌《うた》が43首《しゅ》と一番多《いちばんおお》いのですが、この歌《うた》も恋《こい》の歌《うた》。恋人《こいびと》を待《ま》ち続《つづ》けている女性《じょせい》の悲《かな》しみを歌《うた》ったもので、「もう、待《ま》ちくたびれたわ」と嘆《なげ》いています。

しかし作者《さくしゃ》はお坊《ぼう》さんなので男性《だんせい》。女性《じょせい》の気持《きも》ちになってよんだのです。9月《がつ》を「長月《ながつき》」と呼《よ》ぶように秋《あき》の夜《よる》は長《なが》く、夜《よる》が明《あ》けても沈《しず》まずに西《にし》の空《そら》に残《のこ》る「有明《ありあけ》の月《つき》」とともに、とても長《なが》い時間《じかん》を表現《ひょうげん》しています。

平安時代《へいあんじだい》の恋愛《れんあい》や結婚生活《けっこんせいかつ》では、女性《じょせい》は愛《あい》する男性《だんせい》が自分《じぶん》のところに来《き》てくれるのを待《ま》つことしかできませんでした。だから、このような歌《うた》ができたのです。

有明《ありあ》けの月《つき》を 待《ま》ち出《い》でつるかな

ゴロ暗記《あんき》　いまコント有明《ありあけ》で　3字決《じき》まり ★★★

「有明《ありあけ》」の本当《ほんとう》の意味《いみ》はさておき、ここでは東京《とうきょう》にある有明《ありあけ》という場所《ばしょ》を想像《そうぞう》しよう。お台場《だいば》やディズニーランドの近《ちか》くにある、海《うみ》に近《ちか》いエリアだよ。ちなみに30番《ばん》の歌《うた》でも同《おな》じ「有明《ありあけ》」が登場《とうじょう》するけど、こっちは上《かみ》の句《く》での登場《とうじょう》、あちらは下《しも》の句《く》で使《つか》われているよ。

その有明《ありあけ》には、東京《とうきょう》ビッグサイトという大《おお》きな施設《しせつ》がある。そこで漫才《まんざい》コンビがコントをやるらしい！

昔《むかし》は今《いま》と違《ちが》って、女性《じょせい》はただ待《ま》つしかできなかったんだって。

吹《ふ》くからに 秋《あき》の草《くさ》木《き》の しを《お》るれば

むへやまか
せをあらし
といふらむ

歌番号《うたばんごう》：22、出典《しゅってん》：古今集《こきんしゅう》

訳《やく》

風《かぜ》が吹《ふ》くとたちまち秋《あき》の草木《くさき》がしおれてしまう。なるほど、だから「山《やま》」から吹《ふ》く「風《かぜ》」のことを「嵐《あらし》」というのだなあ。

作者《さくしゃ》

文屋康秀《ふんやのやすひで》（?～879年《ねん》?）
六歌仙《ろっかせん》の一人《ひとり》。小野小町《おののこまち》と親密《しんみつ》だったといわれている。くわしい経歴《けいれき》はわかっていない。

「山《やま》」＋「風《かぜ》」＝嵐《あらし》です

秋《あき》に山《やま》から吹《ふ》く風《かぜ》がとても強《つよ》くて、草木《くさき》がしおれてしまったという風景《ふうけい》を思《おも》い浮《う》かべながら、ふと「そうか、だから漢字《かんじ》の山《やま》と風《かぜ》が組《く》み合《あ》わさると嵐《あらし》になるのだな」と感《かん》じ入《い》ったという、言葉遊《ことばあそ》びも取《と》り入《い》れたユーモアあふれる歌《うた》です。

このような言葉遊《ことばあそ》びは平安時代《へいあんじだい》にとても流行《はや》っていました。作者《さくしゃ》は六歌仙《ろっかせん》に選《えら》ばれるほどの歌人《かじん》。この歌《うた》は、貴族《きぞく》たちが歌《うた》の優劣《ゆうれつ》を競《きそ》う歌合《うたあわせ》でよまれたもの。このような機知《きち》に富《と》んだ歌《うた》は高《たか》く評価《ひょうか》され、ほかの参加者《さんかしゃ》をおおいに感心《かんしん》させたことでしょう。

むべ山風《やまかぜ》を 嵐《あらし》といふ《う》らむ《ん》

ゴロ暗記《あんき》 踏《ふ》む部《へ》屋《や》

1字決《じき》まり ★

この歌《うた》は1字《じ》決《き》まり、だから「ふ」が読《よ》まれたらすぐに「むべ山風《やまかぜ》を」の札《ふだ》を取《と》りにいかなければならない。そこでゴロ暗記《あんき》も上《かみ》の句《く》からは「ふ」だけを使《つか》っているよ。

「むべ」の「べ」を「へ」と読《よ》み替《か》えると、「踏《ふ》む部《へ》屋《や》」となる。小《ちい》さい子《こ》どもたちが、幼稚園《ようちえん》・保育園《ほいくえん》や学《がっ》校《こう》の床《ゆか》をドンドンと踏《ふ》みならしているイメージだね。

漢字《かんじ》の成《な》り立《た》ちが和歌《わか》でわかるなんて、おもしろいね。

嵐《あらし》の日《ひ》は、できればおうちにいたいね！

月見《つきみ》れば ちぢに物《もの》こそ かなしけれ

わかみひと
つのあきに
はあらねと

歌番号《うたばんごう》：23、出典《しゅってん》：古今集《こきんしゅう》

訳《やく》

月《つき》を見《み》ていると、いろいろな思《おも》いが浮《う》かんで物悲《ものがな》しくなります。べつに私一人《わたしひとり》にだけ秋《あき》がやってきたわけではありませんが。

作者《さくしゃ》

大江千里《おおえのちさと》（生没年不明《せいぼつねんふめい》）
父《ちち》は漢学者《かんがくしゃ》の大江音人《おおえのおとんど》。親子《おやこ》で優《すぐ》れた漢学者《かんがくしゃ》になった。在原行平《ありわらのゆきひら》、業平《なりひら》の甥《おい》でもある。

秋《あき》の月《つき》の物悲《ものがな》しさよ

平安時代《へいあんじだい》の貴族《きぞく》の男性《だんせい》は、中国《ちゅうごく》の古典《こてん》を学《まな》ぶことも教養《きょう》の一《ひと》つでした。作者《さくしゃ》は父《ちち》も漢学者《かんがくしゃ》という学者一族《がくしゃいちぞく》の家《いえ》に生《う》まれたエリート。漢詩《かんし》（中国《ちゅうごく》の詩《し》）を題材《だいざい》にして和《わ》歌《か》をよむことも得意《とくい》でした。

この歌《うた》は、中国《ちゅうごく》・唐《とう》の有名《ゆうめい》な詩人《しじん》である白楽天《はくらくてん》の詩《し》をもとに、作者《さくしゃ》のアレンジを加《くわ》えて、「秋《あき》の寂《さび》しさ」をより深《ふか》く表現《ひょうげん》したものです。「月《つき》」と「わが身《み》」、「ちぢに」と「一《ひと》つ」など対照的《たいしょうてき》な言葉《ことば》で技巧《ぎこう》を凝《こ》らしています。

ところで、百人一首《ひゃくにんいっしゅ》には季節《きせつ》の歌《うた》が32首《しゅ》ありますが、物悲《ものがな》しい秋《あき》を歌《うた》ったものは16首《しゅ》。一番多《いちばんおお》いのです。

わが身《み》ひとつの 秋《あき》にはあらねど

ゴロ暗記《あんき》 **月見《つきみ》、わが身《み》ひとつ!** 2字決《じき》まり ★★

「月見《つきみ》」といえば、食《く》いしんぼうな人《ひと》は「月見《つきみ》そば」とか「月見《つきみ》うどん」を想像《そうぞう》してしまうかもしれないね。そこでこのゴロ暗記《あんき》では、自分《じぶん》が注文《ちゅうもん》したはずの月見《つきみ》うどんを、知《し》らないおばちゃんが食《た》べちゃっているところをイメージしてみよう。

「わが身《み》ひとつ」の意味《いみ》がわからないって？　月見《つきみ》うどんを注文《ちゅうもん》したのは、自分《じぶん》だけのはず、という意味《いみ》だよ。

秋《あき》はもの悲《がな》しいというイメージはこのころからあったんだ。

このたびは ぬさもとりあへ《え》ず 手向山《たむけやま》

もみちのに
しきかみの
まにまに

歌番号《うたばんごう》：24、出典《しゅってん》：古今集《こきんしゅう》

訳《やく》

この旅《たび》は急《きゅう》なことで、お供《そな》えの幣《ぬさ》を準備《じゅんび》できませんでした。そのかわりに、この手向山《たむけやま》の紅葉《もみじ》を、神様《かみさま》どうぞお受《う》け取《と》りください。

作者《さくしゃ》

菅家《かんけ》（845〜903年《ねん》）

学問《がくもん》の神様《かみさま》といわれる菅原道真《すがわらのみちざね》のこと。和歌《わか》にも漢学《かんがく》にも秀《ひい》でていて、政治家《せいじか》でもあった。

道真《みちざね》さん、お見事《みごと》！の歌《うた》

この歌《うた》は作者《さくしゃ》が宇多天皇《うだてんのう》の旅《たび》に同行《どうこう》したときによまれたもの。当時《とうじ》は旅《たび》の安全《あんぜん》を祈《いの》って、道中《どうちゅう》の道祖神《どうそじん》に、幣《ぬさ》という色《いろ》とりどりの紙《かみ》や布《ぬの》を切《き》ったものをささげるという習《なら》わしがあったのですが、その幣《ぬさ》を用意《ようい》する時間《じかん》もない、急《きゅう》な旅立《たびだ》ちだったようです。そこで、作者《さくしゃ》が機転《きてん》をきかせて、目《め》の前《まえ》の紅葉《もみじ》を幣《ぬさ》に見立《みた》てて、「これを神様《かみさま》にささげましょう」と歌《うた》い、天皇《てんのう》をとても喜《よろこ》ばせました。「神《かみ》のまにまに」は、一度《いちど》聞《き》いたら忘《わす》れられないフレーズですが、「神様《かみさま》のお心《こころ》のままに」という意味《いみ》。「どうぞお受《う》け取《と》りください」という気持《きも》ちがこめられています。

紅葉《もみじ》の錦《にしき》　神《かみ》のまにまに

おそなえは、気《き》持《も》ちが大切《たいせつ》なんだね！

ゴロ暗記《あんき》

この旅《たび》は紅葉《もみじ》

2字《じ》決まり ★★

上《かみ》の句《く》の「このたびは」をまるごと使《つか》ってゴロ暗記《あんき》を考《かんが》えたら、風情《ふぜい》のあるフレーズができたよ。秋《あき》の旅《たび》といえば、山《やま》を色《いろ》づかせている紅葉《こうよう》をながめに行《い》くことが多《おお》いよね。そんな旅行《りょこう》を「もみじ狩《が》り」なんていうことも覚《おぼ》えておこう。

じつはこのゴロ暗記《あんき》、この歌《うた》の本当《ほんとう》の意味《いみ》（訳《やく》）とそんなに変《か》わらないんだ。

これが、本物《ほんもの》の「幣《ぬさ》」だ。神社《じんじゃ》などで見《み》たことはあるかな？

名《な》にし負《お》はば 逢坂山《おうさかやま》の さねかづ《ず》ら

ひとにしら
れてくるよ
しもかな

歌番号《うたばんごう》：25、出典《しゅってん》：後撰集《ごせんしゅう》

訳《やく》

「逢《あ》っていっしょに寝《ね》る」という名前《なまえ》をもつ逢坂山《おうさかやま》のさねかづらよ。人《ひと》に知《し》られないように、恋人《こいびと》に逢《あ》う方法《ほうほう》を教《おし》えておくれ。

作者《さくしゃ》

三条右大臣《さんじょうのうだいじん》（873ー〜932年《ねん》）
三条《さんじょう》に住《す》む右大臣《うだいじん》でこう呼《よ》ばれるが、本名《ほんみょう》は藤原定方《ふじわらのさだかた》。和歌《わか》と管弦《かんげん》に優《すぐ》れていたといわれる。

こっそりと会《あ》いたいんだ

愛《あい》する女性《じょせい》のもとに、「さねかづら」というつる草《くさ》とともに送《おく》った歌《うた》です。当時《とうじ》は季節《きせつ》の歌《うた》に花《はな》や草木《くさき》を添《そ》えておくることが風流《ふうりゅう》だったのです。

「逢坂山《おうさかやま》のさねかづら」には「逢《あ》う」と「ね＝寝《ね》る」が入《はい》っています。この歌《うた》は、「愛《あい》するあなたに逢《あ》って、いっしょに寝《ね》たいんだ」という、作者《さくしゃ》の強烈《きょうれつ》なラブコールなのです。

「人《ひと》に知《し》られで」は、「人《ひと》に知《し》られないように」という意味《いみ》。おそらく作者《さくしゃ》は人《ひと》に知《し》られたら困《こま》るような恋《こい》をしていたのでしょう。

人《ひと》に知《し》られで くるよしもがな

ゴロ暗記《あんき》 **何《なに》しに？人《ひと》くるよ！** 3字決《じき》まり ★★★

下校途中《げこうとちゅう》、なにかよくわからないけど人《ひと》だかりができているお店《みせ》を発見《はっけん》！　そんなとき、キミは人《ひと》だかりに入《はい》っていくタイプかな？　それとも素通《すどお》りするタイプ？

このゴロ暗記《あんき》の人《ひと》は、まちがいなく人《ひと》だかりに積極的《せっきょくてき》に入《はい》っていくタイプだね。「なんかよくわからないけど、有名《ゆうめい》な人《ひと》が、なにかをしに来《く》るらしいよ！」と興奮《こうふん》しているくらいだから。

歌《うた》といっしょに植物《しょくぶつ》をおくるって風流《ふうりゅう》だね。

小倉山《おぐらやま》 峰《みね》の紅葉葉《もみじば》 心《こころ》あらば

いまひとた
ひのみゆき
またなむ

歌番号《うたばんごう》：26、出典《しゅってん》：拾遺集《しゅういしゅう》

訳《やく》

小倉山《おぐらやま》の峰《みね》のもみじよ。もしお前《まえ》に心《こころ》があるのなら、天皇《てんのう》の行幸《みゆき》がもう一度《いちど》あるはずだから、それまで散《ち》らないで待《ま》っていてほしい。

作者《さくしゃ》

貞信公《ていしんこう》（880〜949年《ねん》）
本名《ほんみょう》は藤原忠平《ふじわらのただひら》。四代《よんだい》の天皇《てんのう》に仕《つか》えた実力者《じつりょくしゃ》で、藤原氏《ふじはらし》が栄《さか》えるきっかけになった。

もみじよ、散《ち》らないで

宇多上皇《うだじょうこう》が小倉山《おぐらやま》にでかけたとき、紅葉《こうよう》のあまりの美《うつく》しさに「わが子《こ》の醍醐天皇《だいごてんのう》にも見《み》せてあげたい」とおっしゃったので、同行《どうこう》していた作者《さくしゃ》が歌《うた》ったものです。「紅葉《こうよう》よ、次《つぎ》の天皇《てんのう》のおでかけまで、散《ち》らないで待《ま》っていておくれ」と呼《よ》びかけています。「心《こころ》あらば」とは、「やさしい人《ひと》の心《こころ》をもっているのなら」という意味《いみ》。紅葉《こうよう》を人《ひと》に見立《みた》てて語《かた》りかけているのです。

この歌《うた》を贈《おく》られた醍醐天皇《だいごてんのう》は、本当《ほんとう》に小倉山《おぐらやま》に紅葉《こうよう》を見《み》に行《い》き、それ以降《いこう》、天皇《てんのう》の小倉山《おぐらやま》への行幸《みゆき》は慣例《かんれい》になったということです。

今《いま》ひとたびの みゆき待《ま》たなむ《ん》

ゴロ暗記《あんき》 小倉山《おぐらやま》いまミユキきた

2字決《じき》まり ★★

　本物《ほんもの》の小倉山《おぐらやま》は京都《きょうと》にあるが、ここではおまんじゅうなどの「あん」の一種《いっしゅ》、「小倉《おぐら》あん」でできた山《やま》だと勝手《かって》に想像《そうぞう》しちゃおう。

　そんなあま～い山《やま》のふもとに、スイーツ女王《じょおう》のミユキが登場《とうじょう》！　そしてこれから山頂《さんちょう》をめざして登山《とざん》をはじめるというストーリーだ（笑）。ただしあまいものが苦手《にがて》だというキミは、普通《ふつう》の紅葉《こうよう》のきれいな小倉山《おぐらやま》でもOK。

美《うつく》しい紅葉《こうよう》を楽《たの》しむことを、「紅葉狩《もみじが》り」ともいうね。

みかの原《はら》 わきて流《なが》るる いづ《ず》み川《がわ》

いつみきと
てかこひし
かるらむ

歌番号《うたばんごう》：27、出典《しゅってん》：新古今集《しんこきんしゅう》

訳《やく》

みかの原《はら》を分《わ》けるように流《なが》れる泉川《いずみがわ》ではないが、私《わたし》はあなたをいつ見《み》たわけでもないのに、どうしてこんなに恋《こい》しいのだろう。

作者《さくしゃ》

中納言兼輔《ちゅうなごんかねすけ》（877~933年《ねん》）
本名《ほんみょう》は藤原兼輔《ふじわらのかねすけ》。紫式部《むらさきしきぶ》のひいおじいちゃんにあたる。三十六歌仙《さんじゅうろくかせん》の一人《ひとり》。

見《み》たことないけど、好《す》き

「いつ見《み》きとてか」は、「あなたをいつ見《み》たというのでしょう」という意味《いみ》ですが、ずばり「見《み》ていない」のです。会《あ》ったこともない女性《じょせい》に対《たい》して「どうしてこんなにあなたのことが好《す》きなんだろう」という恋《こい》の歌《うた》。現代《げんだい》なら「どうして会《あ》ったこともない人《ひと》を好《す》きになれるの？」と不思《ふし》議《ぎ》に思《おも》うかもしれません。

当時《とうじ》は和歌《わか》を作《つく》るような身分《みぶん》の男性《だんせい》は、女性《じょせい》について人《ひと》のうわさなどから想像《そうぞう》して好意《こうい》を抱《いだ》き、何度《なんど》か恋文《こいぶみ》や歌《うた》のやりとりをしてから、晴《は》れてご対面《たいめん》となることが多《おお》かったのです。今《いま》とはずいぶん違《ちが》いますね。

いつ見《み》きとてか 恋《こい》しかるらむ《ん》

ゴロ暗記《あんき》 ミカのいー積木《つみき》 3字決《じき》まり ★★★

「みかの原《はら》」は、京都《きょうと》を流《なが》れる木津川《きづがわ》の北側《きたがわ》一帯《いったい》のこと。でもここでは、「ミカちゃん」という小《ちい》さな女《おんな》の子《こ》だということにするね。

そのミカちゃん、この前買《まえか》ってもらった積木《つみき》がピッカピカでいー感《かん》じ。遊《あそ》びにいったら自慢《じまん》げにその積木《つみき》を見《み》せびらかすんだって。でもちっとも貸《か》してくれないんだ。いるよね〜、そんな女《おんな》の子《こ》！

今《いま》なら「恋《こい》に恋《こい》する」って感《かん》じかも。でも作者《さくしゃ》は男性《だんせい》だけどね（笑）。

山里《やまざと》は　冬《ふゆ》ぞさびしさ　まさりける

ひとめもく
さもかれぬ
とおもへは

歌番号《うたばんごう》：28、出典《しゅってん》：古今集《こきんしゅう》

訳《やく》

都《みやこ》とちがって、山里《やまざと》の冬《ふゆ》はとくにさびしさが強《つよ》く感《かん》じられる。人《ひと》も訪《おとず》れることがなくなったし、草《くさ》も枯《か》れてしまうと思《おも》うと。

作者《さくしゃ》

源《みなもとの》　宗于朝臣《むねゆきあそん》（?〜933年《ねん》）
三十六歌仙《さんじゅうろくかせん》の一人《ひとり》。15番《ばん》・光孝天皇《こうこうてんのう》の孫《まご》だが、「源《みなもと》」の姓《せい》をもらって臣下《しんか》となった。

山里《やまざと》の冬《ふゆ》は寂《さび》しすぎるよ

和歌《わか》の世界《せかい》では「寂《さび》しい」「物悲《ものがな》しい」という季節《きせつ》は「秋《あき》」というのが定説《ていせつ》ですが、もっと寒《さむ》い「冬《ふゆ》」に時間《じかん》をずらして、より寂《さび》しさ、物悲《ものがな》しさを際立《きわだ》たせたのがこの歌《うた》です。「冬《ふゆ》ぞ」の「ぞ」は「冬《ふゆ》こそ」と意味《いみ》を強《つよ》める言葉《ことば》です。

作者《さくしゃ》は歌《うた》には秀《ひい》でていたのですが、天皇《てんのう》の孫《まご》であるにもかかわらず出世《しゅっせ》できませんでした。最終的《さいしゅうてき》には皇族《こうぞく》をはなれて臣下《しんか》になる「賜姓源氏《しせいげんじ》」になります。そんな身《み》の上《うえ》の悲《かな》しさが、山里《やまざと》の冬《ふゆ》の寂《さび》しさをいっそう深《ふか》いものにしているのです。

人《ひと》めも草《くさ》も　かれぬと　思《おも》へば

ゴロ暗記《あんき》　山里《やまざと》は人目《ひとめ》も草《くさ》も　3字《じ》決《き》まり ★★★

超《ちょう》ラブラブのカップル、いちゃいちゃしたいけれど、やっぱり人《ひと》の目《め》が気《き》になるよね。そんなときは、あまり人《ひと》のいない山里《やまざと》へ行《い》こうということになりハイキング。

お昼《ひる》になったので、弁当《べんとう》を食《た》べることになり、「はい、アーンして♡」な～んてしていたら、そこいらじゅうから人《ひと》がのぞいている雰囲気《ふんいき》がっ！　しまいには人《ひと》じゃなくて草《くさ》にも見《み》られているようで……。

たしかに冬《ふゆ》は秋《あき》よりさらにさびしいのかもしれない。

心《こころ》あてに 折《お》らばや折《お》らむ《ん》 初霜《はつしも》の

おきまとは
せるしらき
くのはな

歌番号《うたばんごう》：29、出典《しゅってん》：古今集《こきんしゅう》

訳《やく》

心《こころ》して折《お》るなら折《お》ってみよう。真《ま》っ白《しろ》な霜《しも》が一面《いちめん》に降《お》りて、霜《しも》だか花《はな》だか見分《みわ》けがつかなくなっている白菊《しらぎく》の花《はな》を。

作者《さくしゃ》

凡河内躬恒《おおしこうちのみつね》（生没年不明《せいぼつねんふめい》）
三十六歌仙《さんじゅうろくかせん》の一人《ひとり》。身分《みぶん》は低《ひく》かったが、天皇《てんのう》の歌《うた》会《かい》に呼《よ》ばれるなど、人気《にんき》は高《たか》かった。

霜《しも》と白菊《しらぎく》の「白《しろ》の世界《せかい》」

「初霜《はつしも》」が降《ふ》る季節《きせつ》といえば、冬《ふゆ》のような気《き》もしますが、和歌《わか》では「秋《あき》」の終《お》わりごろ。晩秋《ばんしゅう》のある朝《あさ》、その年初《としはじ》めてあたり一面《いちめん》に霜《しも》が降《お》りて、作者《さくしゃ》は「咲《さ》いている白菊《しらぎく》と見分《みわ》けがつかないよ」と言《い》っています。ちょっと大《おお》げさな表現《ひょうげん》ですが、冷《つめ》たくて凛《りん》とした空気《くうき》のなかの、純白《じゅんぱく》の幻想的《げんそうてき》な世界《せかい》をイメージさせる美《うつく》しい歌《うた》です。

菊《きく》は昔《むかし》から日本《にほん》の花《はな》という印象《いんしょう》がありますが、じつは奈良時代《ならじだい》に中国《ちゅうごく》から入《はい》ってきた花《はな》です。和歌《わか》によまれるようになったのは、平安時代前期《へいあんじだいぜんき》につくられた「古今集《こきんしゅう》」以降《いこう》のことです。

置《お》きまどは《わ》せる　白菊《しらぎく》の花《はな》

ゴロ暗記《あんき》　**心青《こころあお》き**　4字決《じき》まり ★★★★

この歌《うた》は４字決《じき》まり。だから「こころ」だけで判断《はんだん》しないように注意《ちゅうい》しよう。もうひとつの「こころ」ではじまる歌《うた》は、68番《ばん》の「こころにも…」だ。

びっくりしたり怖《こわ》くなったりすることを「青《あお》くなる」というけれど、ここでは、怪談《かいだん》を聞《き》いてゾ～っとしてしまうことを「心《こころ》（が）青《あお》くなる」と表現《ひょうげん》することにしよう（ただし普通《ふつう》は通《つう》じないから注意《ちゅうい》！）。

菊《きく》の花《はな》の色《いろ》にもいろいろあるけど、ここでの主役《しゅやく》は「白菊《しらぎく》」だ。

有明《ありあけ》の つれなく見《み》えし 別《わか》れより

あかつきは
かりうきも
のはなし

歌番号《うたばんごう》：30、出典《しゅってん》：古今集《こきんしゅう》

訳《やく》

有明《ありあけ》の月《つき》が無情《むじょう》にみえた、あの明《あ》け方《がた》の別《わか》れからというもの、私《わたし》にとって暁《あかつき》ほどつらいものはありません。

作者《さくしゃ》

壬生忠岑《みぶのただみね》（生没年不明《せいぼつねんふめい》）
三十六歌仙《さんじゅうろくかせん》の一人《ひとり》で、紀貫之《きのつらゆき》らと「古今和歌集《こきんわかしゅう》」の選者《せんじゃ》としても活躍《かつやく》した。

つれないのは月《つき》か女性《じょせい》か

明《あ》け方《がた》の空《そら》に残《のこ》っている有明《ありあけ》の月《つき》が見《み》える時刻《じこく》は、夜《よる》をいっしょに過《す》ごした恋人《こいびと》たちにとっては、男性《だんせい》が帰《かえ》ってしまうとき。もっと女性《じょせい》といっしょにいたいから、「明《あ》け方《がた》の月《つき》を見《み》ると別《わか》れるのが辛《つら》くなる」という、男《だん》性《せい》の気持《きも》ちをよく表現《ひょうげん》しています。

じつは、この歌《うた》はもう一《ひと》つの解釈《かいしゃく》があります。「つれないのは月《つき》ではなく女性《じょせい》」という説《せつ》です。好《す》きな女性《じょせい》に会《あ》いにいったのに、冷《つめ》たくされて会《あ》えなかった。それ以《い》来《らい》、有明《ありあけ》の月《つき》を見《み》ると悲《かな》しい気持《きも》ちなる……、そんな男《だん》性《せい》の失恋《しつれん》の歌《うた》です。

暁《あかつき》ばかり 憂《う》きものはなし

ゴロ暗記《あんき》 **有明《ありあけ》はアカ**

3字決《じき》まり ★★★

「有明《ありあけ》」は、月《つき》がまだ沈《しず》んでいない空《そら》が明《あ》けてきたころ、という意味《いみ》だけど、ゴロ暗記《あんき》のときは東京《とうきょう》のお台場近《だいばちか》くにある「有明《ありあけ》」という地名《ちめい》を思《おも》い浮《う》かべよう。東京《とうきょう》オリンピックで会場《かいじょう》として使《つか》われる予定《よてい》の「有明《ありあけ》コロシアム」などがあるよ。

その有明《ありあけ》にある交通信号《こうつうしんごう》が、すべてアカだったら、クルマも歩行者《ほこうしゃ》も有明《ありあけ》を出《で》られないよね！

恋人《こいびと》たちにとって、別《わか》れの時間《じかん》はつらいものだよね。

朝《あさ》ぼらけ 有明《ありあけ》の月《つき》と 見《み》るまでに

よしののさ
とにふれる
しらゆき

歌番号《うたばんごう》：31、出典《しゅってん》：古今集《こきんしゅう》

訳《やく》

ほのぼのと夜《よる》があけるころ、明《あ》け方《がた》の月《つき》の光《ひかり》で明《あか》るいのかと思《おも》ったら、吉野《よしの》の里《さと》に降《ふ》り積《つ》もった、真《ま》っ白《しろ》い雪《ゆき》だった！

作者《さくしゃ》

坂上是則《さかのうえのこれのり》（生没年不明《せいぼつねんふめい》）
坂上田村麻呂《さかのうえのたむらまろ》の子孫《しそん》といわれる。三十六歌仙《さんじゅうろくかせん》の一人《ひとり》。蹴《け》まりの名人《めいじん》としても有名《ゆうめい》。

この明《あか》るさは雪《ゆき》だったのか

奈良県《ならけん》の吉野《よしの》は昔《むかし》から、春《はる》の桜《さくら》と冬《ふゆ》の雪《ゆき》の名所《めいしょ》として知《し》られているところです。冬《ふゆ》の日《ひ》に吉野《よしの》を訪《おとず》れた作者《さくしゃ》は、夜明《よあ》け前《まえ》に外《そと》の明《あか》るさの気配《けはい》を感《かん》じて目《め》を覚《さ》ましました。てっきり夜明《よあ》け前《まえ》の空《そら》に残《のこ》る「有明《ありあけ》の月《つき》」のしわざかと思《おも》ったら、一晩《ひとばん》で降《ふ》り積《つ》もった雪《ゆき》で、あたり一面《いちめん》の銀世界《ぎんせかい》。その雪景色《ゆきげしき》に感動《かんどう》し、歌《うた》にしたのです。

「朝《あさ》ぼらけ」とは、夜明《よあ》け前《まえ》のあたりがほのかにあかるくなるころ。「有明《ありあけ》の月《つき》」とは、そんな時間《じかん》まで西《にし》の空《そら》に残《のこ》っている月《つき》のことです。白《しろ》い雪《ゆき》を明《あ》け方《がた》の月《つき》の光《ひかり》にたとえた美《うつく》しい歌《うた》です。

吉野《よしの》の里《さと》に 降《ふ》れる白雪《しらゆき》

ゴロ暗記《あんき》 **朝《あさ》ぼけ吉野《よしの》!**

6字《じ》決まり ★★★★★★

上《かみ》の句《く》の「朝《あさ》ぼらけ」、本当《ほんとう》の意味《いみ》は「夜《よる》が明《あ》けるころ」なんだけど、やっぱり「朝《あさ》、ねぼけている」というふうに想像《そうぞう》しちゃうよね。本当《ほんとう》は間違《まちが》いなんだけど、その意味《いみ》でゴロ暗記《あんき》しちゃおう。

朝《あさ》、寝《ね》ぼけてパジャマのままで登校《とうこう》してしまった吉野《よしの》くん。片手《かたて》には、なんとまくらを持《も》っている！　まさに「朝《あさ》ぼけ」だね。

雪《ゆき》の反射《はんしゃ》で、夜《よる》が明《あか》るく見《み》えるのはとても美《うつく》しいよ。

山川《やまがわ》に 風《かぜ》のかけたる しがらみは

なかれもあ
へぬもみち
なりけり

歌番号《うたばんごう》：32、出典《しゅってん》：古今集《こきんしゅう》

川《かわ》に落《お》ちた紅葉《こうよう》を見《み》て

紅葉《こうよう》が風《かぜ》に飛《と》ばされ、川《かわ》に落《お》ち、流《なが》されきれずに溜《た》まっている様子《ようす》を歌《うた》ったものです。「しがらみ」というのは川《かわ》の流《なが》れをせき止《と》めるために川《かわ》の中《なか》に杭《くい》を打《う》ち、竹《たけ》や木《き》の枝《えだ》をからませた柵《さく》のこと。せき止《と》められた紅葉《こうよう》が「しがらみ」のように見《み》えたのです。

作者《さくしゃ》は「紅葉《こうよう》が溜《た》まってしがらみを作《つく》っている。これは風《かぜ》のしわざだな」と表現《ひょうげん》しているところが風流《ふうりゅう》であると評価《ひょうか》されています。

本当《ほんとう》ならしがらみを作《つく》るのは人間《にんげん》ですが、風《かぜ》を擬人化《ぎじんか》しているところが特徴《とくちょう》です。

訳《やく》

山《やま》を流《なが》れる川《かわ》に、風《かぜ》がかけたしがらみ（柵《さく》）がある。それは流《なが》れきれずにたまっている紅《こう》葉《よう》だったのですね。

作者《さくしゃ》

春道列樹《はるみちのつらき》（?～920年《ねん》）

910年《ねん》に漢詩《かんし》や歴史《れきし》を学《まな》ぶ文章生《もんじょうせい》になった。歌《か》人《じん》としてはあまり有名《ゆうめい》ではない。

流《なが》れもあへ《え》ぬ　紅葉《もみじ》なりけり

川《かわ》が真《ま》っ赤《か》に染《そ》まるぐらい紅葉《こうよう》がたまっているのかな？

ゴロ暗記《あんき》　**やまがながれ**　3字決《じき》まり★★★

上《かみ》の句《く》の「山川《やまがわ》」というのは「山《やま》を流《なが》れる川《かわ》」という意味《いみ》だけど、そのうち「やまが」だけを使《つか》ってゴロ暗記《あんき》にしてしまおう。下《しも》の句《く》からは「ながれ」をもってきてくっつければ、「やまがながれ」となる。つまり「山《やま》が流《なが》れ」だ。

山《やま》が流《なが》れるといえば、火山《かざん》の溶岩《ようがん》が谷《たに》に沿《そ》って下《した》に流《なが》れてくるイメージかな。

川《かわ》に浮《う》かんだ紅葉《こうよう》を「紅葉《もみじ》いかだ」ともいうよ。

ひさかたの 光《ひかり》のどけき 春《はる》の日《ひ》に

しつこころ
なくはなの
ちるらむ

歌番号《うたばんごう》：33、出典《しゅってん》：古今集《こきんしゅう》

訳《やく》

日《ひ》の光《ひかり》がおだやかな春《はる》の日《ひ》なのに、どうして桜《さくら》の花《はな》はこんなにもせわしなく、急《いそ》いで散《ち》ってしまうのだろうか。

作者《さくしゃ》

紀友則《きのとものり》（?～905?年《ねん》）
三十六歌仙《さんじゅうろくかせん》の一人《ひとり》。35番《ばん》の紀貫之《きのつらゆき》の従兄弟《いとこ》。「古《こ》今和歌集《きんわかしゅう》」の選者《せんじゃ》の一人《ひとり》でもある。

桜《さくら》よ、なぜ散《ち》り急《いそ》ぐのだ

「花《はな》」というのは、桜《さくら》のことです。春《はる》の光《ひかり》のおだやかでゆったりした時間《じかん》と、桜《さくら》の花《はな》のどこか急《いそ》ぐようにあわただしく散《ち》ってしまっている情景《じょうけい》。その対比《たいひ》が印象深《いんしょうぶか》い歌《うた》です。

「ひさかたの」は天《てん》や月《つき》、空《そら》など天体《てんたい》に関係《かんけい》のある言《こと》葉《ば》に掛《か》かる枕詞《まくらことば》で、これ自体《じたい》には意味《いみ》がありません。枕《まくら》詞《ことば》というのは、そのあとに続《つづ》く言葉《ことば》を導《みちび》きだすための飾《かざ》りの五文字《ごもじ》の言葉《ことば》のことをいいます。和歌《わか》ではよく使《つか》われる技法《ぎほう》です。後《うし》ろに続《つづ》く言葉《ことば》の印象《いんしょう》を強《つよ》めたり、和歌《わか》全体《ぜんたい》の調子《ちょうし》を整《とと》えたりする役目《やくめ》があります。

しづ《ず》心《ごころ》なく　花《はな》の散《ち》るらむ《ん》

ゴロ暗記《あんき》

ひさかたしっこ

2字決《じき》まり ★★

　このゴロ暗記《あんき》は、ちょっとお下品《げひん》かもしれないけど、だれにも経験《けいけん》があるんじゃないかな？　遠足《えんそく》など学校《がっこう》の行事《ぎょうじ》で、貸切《かしきり》バスに乗《の》ったことはあるかな？　乗《の》る前《まえ》に水分《すいぶん》をとりすぎると、トイレに行《い》きたくなっちゃうよね。でも高速道路《こうそくどうろ》を走行《そうこう》しているときは、サービスエリアまでガマンしなきゃいけない。ヤバいモレそう……、そんなときようやくバスが到着《とうちゃく》！　急《いそ》げ～！

春《はる》はのどかでもあるし、あわただしくもあるね。

誰《たれ》をかも 知《し》る人《ひと》にせむ《ん》 高砂《たかさご》の

まつもむか
しのともな
らなくに

歌番号《うたばんごう》：34、出典《しゅってん》：古今集《こきんしゅう》

訳《やく》

年老《としお》いた私《わたし》は、いったい誰《だれ》を親《した》しい友《とも》だちにすればいいのだろう。長生《ながい》きで有名《ゆうめい》な高砂《たかさご》の松《まつ》も、昔《むかし》からの友《とも》ではないのだから。

作者《さくしゃ》

藤原興風《ふじわらのおきかぜ》（生没年不明《せいぼつねんふめい》）
三十六歌仙《さんじゅうろくかせん》の一人《ひとり》。宇多天皇《うだてんのう》の時代《じだい》に歌《うた》の世界《せかい》で活躍《かつやく》した。琴《こと》の名手《めいしゅ》だったといわれる。

長生《ながい》きしても孤独《こどく》だな

長生《ながい》きすることはうれしいことでしょうか。作者《さくしゃ》は、「長生《ながい》きしても喜《よろこ》びはなく、昔《むかし》からの友人《ゆうじん》がみなこの世《よ》を去《さ》ってしまい、一人《ひとり》残《のこ》されてとても寂《さび》しいものだ」と言《い》っています。

高砂《たかさご》は兵庫県《ひょうごけん》にあり、昔《むかし》から大阪《おおさか》の住吉《すみよし》と並《なら》ぶ松《まつ》の名所《めいしょ》。松《まつ》は長寿《ちょうじゅ》の象徴《しょうちょう》です。年老《としお》いた作者《さくしゃ》は、自分《じぶん》と同《おな》じくらい長生《ながい》きしている高砂《たかさご》の松《まつ》を「友《とも》だちにしよう」と思《おも》うのですが、しょせん松《まつ》は松《まつ》。人《ひと》ではないので友《とも》だちにはなれないと、ため息《いき》をついている。そんな情景《じょうけい》が目《め》に浮《う》かびます。

松《まつ》も昔《むかし》の 友《とも》ならなくに

ゴロ暗記《あんき》 だれ? 待《ま》つもムカムカ

2字《じ》決《き》まり ★★

下《しも》の句《く》の「松《まつ》も昔《むかし》の」を、「まつもムカムカ」とちょっと変《か》えてみると、覚《おぼ》えやすくなるね。たとえばこんなストーリーはどうだろう。

だれかがゲタ箱《ばこ》に入《い》れたラブレター。名前《なまえ》がないからだれからのものかわからず、ちょっとイライラ。そして、指定《してい》された場所《ばしょ》へ指定《してい》された時刻《じこく》に行《い》ってみても、だれもいなくてもっとイライラ……。

長生《ながい》きした結果《けっか》、さびしくなってしまうこともあるんだ。

友《とも》だちがいなくなるのは悲《かな》しいよね

人《ひと》はいさ 心《こころ》も知《し》らず ふるさとは

はなそむか
しのかにに
ほひける

歌番号《うたばんごう》：35、出典《しゅってん》：古今集《こきんしゅう》

訳《やく》

人《ひと》の心《こころ》は移《うつ》ろいやすいので、あなたの気持《きも》ちはわかりませんが、この故郷《ふるさと》の梅《うめ》の花《はな》だけは、昔《むかし》の香《かお》りのままですね。

作者《さくしゃ》

紀貫之《きのつらゆき》（868?～945年《ねん》）
古今和歌集《こきんわかしゅう》の編纂《へんさん》の中心人物《ちゅうしんじんぶつ》。三十六歌仙《さんじゅうろくかせん》の一人《ひとり》。日本最古《にほんさいこ》の日記文学《にっきぶんがく》「土佐日記《とさにっき》」の作者《さくしゃ》。

花《はな》の香《かお》りは変《か》わらないが…

作者《さくしゃ》の紀貫之《きのつらゆき》は百人一首《ひゃくにんいっしゅ》の歌《うた》が一番多《いちばんおお》く収《おさ》められている古今和歌集《こきんわかしゅう》を作《つく》った中心人物《ちゅうしんじんぶつ》です。

久《ひさ》しぶりに奈良《なら》の長谷寺《はせでら》にお参《まい》りにきた作者《さくしゃ》が、以前《いぜん》からよく泊《と》まっていた宿《やど》の主人《しゅじん》に会《あ》ったところ、「宿《やど》はずっと昔《むかし》のままですが、あなたは変《か》わってしまった。このごろちっとも来《き》てくれませんね」と言《い》われました。そんな皮肉《ひにく》めいた言葉《ことば》に、作者《さくしゃ》はそばに咲《さ》いていた梅《うめ》の枝《えだ》を折《お》って、この歌《うた》を返《かえ》したのです。

これに対《たい》して主人《しゅじん》は「梅《うめ》が変《か》わらなく咲《さ》くというのは、私《わたし》の気持《きも》ちも同《おな》じ」とこたえたということです。

花《はな》ぞ昔《むかし》の 香《か》ににほ《お》ひ《い》ける

ゴロ暗記《あんき》 **人《ひと》は花《はな》、カニ**

3字決《じき》まり ★★★

はじめてのピアノ発表会《はっぴょうかい》！　ふだんは緊張《きんちょう》しないタイプなんだけど、知《し》っている人《ひと》がたくさん観客席《かんきゃくせき》にいるのを見《み》て、とたんにアガってしまい……。

このままでは緊張《きんちょう》で指《ゆび》も満足《まんぞく》に動《うご》かないし、表現豊《ひょうげんゆた》かに演奏《えんそう》できない、と思《おも》ったピアノの先生《せんせい》が「人《ひと》はみな、お花《はな》かカニだと思《おも》え」とアドバイス。お花《はな》はともかく、カニってどうなんだろ（笑）。

「このごろ来《き》てくれないね」ってよくあるイヤミだよね。

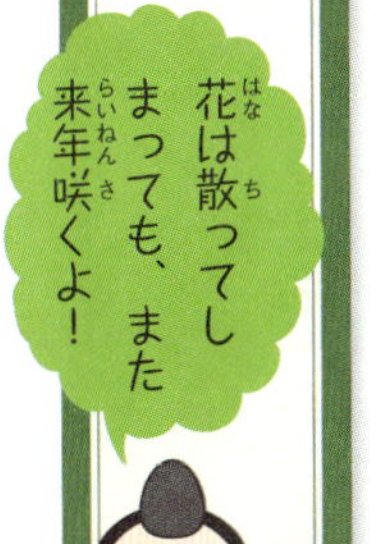

夏《なつ》の夜《よ》は まだ宵《よい》ながら 明《あ》けぬるを

くものいつ
こにつきや
とるらむ

歌番号《うたばんごう》：36、出典《しゅってん》：古今集《こきんしゅう》

訳《やく》

夏《なつ》の夜《よる》は短《みじか》いので、夜《よる》になったばかりと思《おも》っていたら、もう明《あ》けてしまいました。月《つき》はいったい雲《くも》のどこに宿《やど》をとっているのでしょうか。

作者《さくしゃ》

清原深養父《きよはらのふかやぶ》（生没年不明《せいぼつねんふめい》）
42番《ばん》の清原元輔《きよはらのもとすけ》の祖父《そふ》であり、62番《ばん》の清少納言《せいしょうなごん》のひいおじいちゃん。琴《こと》の名手《めいしゅ》でもあった。

夏《なつ》の夜《よる》のなんと短《みじか》いこと！

夏《なつ》は暗《くら》くなるのが遅《おそ》く、朝《あさ》は早《はや》く明《あか》るくなります。そんな夏《なつ》の夜《よる》の短《みじか》さを、作者《さくしゃ》は「こんなに夜明《よあ》けが早《はや》いから月《つき》は山《やま》の向《む》こうに沈《しず》めずに、雲《くも》のどこかに宿《やど》をとって隠《かく》れているんだろうなあ」とユーモアを交《まじ》えて歌《うた》っています。月《つき》といえば秋《あき》の情景《じょうけい》を歌《うた》ったものが多《おお》いですが、これは夏《なつ》の空《そら》、しかも月《つき》の出《で》ていない空《そら》をみて、月《つき》の歌《うた》をつくるところが風流《ふうりゅう》なのです。

作者《さくしゃ》のひ孫《まご》は、ずい筆《ひつ》「枕草子《まくらのそうし》」を書《か》いた清少納言《せいしょうなごん》。枕草子《まくらのそうし》では曽祖父《そうそふ》と同《おな》じく「夏《なつ》は夜《よる》、とくに月夜《つきよ》がすばらしい」と愛《め》でています。

雲《くも》のいづこに 月宿《つきやど》るらむ

ゴロ暗記《あんき》

夏雲《なつぐも》

2字決《じき》まり ★★

このゴロ暗記《あんき》はとても単純《たんじゅん》。「夏《なつ》」ときたら「雲《くも》」と覚《おぼ》えておけば間違《まちが》いなし！

……なんだけど、それではあまりにもアッサリしておもしろくないから、ここでは「夜《よる》なのに入道雲《にゅうどうぐも》がムクムクとたちあがって、月《つき》の光《ひかり》がかくれてしまっている」という情景《じょうけい》を思《おも》い浮《う》かべよう。そうすれば、この歌《うた》のイメージにも近《ちか》くなる。

夏《なつ》は夜《よる》が明《あ》けるのがとっても早《はや》いよね。

想像《そうぞう》で月《つき》を思《おも》い浮《う》かべているんだね！

白露《しらつゆ》に 風《かぜ》の吹《ふ》きしく 秋《あき》の野《の》は

つらぬきと
めぬたまそ
ちりける

歌番号《うたばんごう》：37、出典《しゅってん》：後撰集《ごせんしゅう》

訳《やく》

葉《は》の上《うえ》についた露《つゆ》が、秋《あき》の野《の》に吹《ふ》く風《かぜ》でパッと吹《ふ》き散《ち》った。その様子《ようす》はまるで糸《いと》につながれていない真珠《しんじゅ》が散《ち》るように美《うつく》しい。

作者《さくしゃ》

文屋朝康《ふんやのあさやす》（生没年未詳《せいぼつねんみしょう》）
六歌仙《ろっかせん》の一人《ひとり》。22番《ばん》の文屋康秀《ふんやのやすひで》の息子《むすこ》。官位《かんい》は低《ひく》かったが、歌人《かじん》としては評価《ひょうか》が高《たか》かった。

秋風《あきかぜ》に散《ち》る、露《つゆ》の美《うつく》しさ

秋《あき》の野《の》の草葉《くさば》についている小《ちい》さくて丸《まる》い露《つゆ》が風《かぜ》に吹《ふ》き散《ち》る様子《ようす》を、真珠《しんじゅ》が散《ち》らばってきらめいているようだと表現《ひょうげん》した、視覚的《しかくてき》にもとても美《うつく》しい歌《うた》です。

白露《しらつゆ》としたのは、露《つゆ》が白《しろ》く光《ひか》ってみえることを強調《きょうちょう》したからですが、そこから美《うつく》しく白《しろ》く輝《かがや》く真珠《しんじゅ》を連想《れんそう》できるでしょう。葉《は》の露《つゆ》を真珠《しんじゅ》に見立《みた》てる歌《うた》はほかでも見《み》られます。

和歌《わか》で「玉《たま》」といえば、真珠《しんじゅ》や宝石《ほうせき》のことを意味《いみ》します。平安時代《へいあんじだい》の貴族《きぞく》も、真珠《しんじゅ》の玉《たま》にひもを通《とお》して首飾《くびかざ》りにして身《み》を飾《かざ》っていたのです。

つらぬきとめぬ 玉《たま》ぞ散《ち》りける

ゴロ暗記《あんき》

白露《しらつゆ》つらっ!

2字《じ》決まり ★★

寒《さむ》い地方《ちほう》では、冬《ふゆ》になると地面《じめん》に生《は》えた草《くさ》などに露《つゆ》がついて、そこを通《とお》るとよけい冷《つめ》たく感《かん》じられることがあるね。

たとえば通学路《つうがくろ》にそんな場所《ばしょ》があったらどうだろう？　冷《つめ》たいし、くつがぬれてしまうから、できれば避《さ》けて通《とお》りたいよね。そんな状況《じょうきょう》を「つらっ！」（つらい！）と表現《ひょうげん》してみよう。

露《つゆ》が真珠《しんじゅ》のようだ、なんて美《うつく》しいね！

忘《わす》らるる 身《み》をば思《おも》はず 誓《ちか》ひてし

ひとのいのちの
をしくもあるかな

歌番号《うたばんごう》：38、出典《しゅってん》：拾遺集《しゅういしゅう》

訳《やく》

あなたに忘《わす》れられても私《わたし》は気《き》にしません。ただ永遠《えいえん》の愛《あい》を誓《ちか》ったあなたが、約束《やくそく》を破《やぶ》った罪《つみ》で命《いのち》を落《お》とすことが惜《お》しいのです。

作者《さくしゃ》

右近《うこん》（生没年不明《せいぼつねんふめい》）
醍醐天皇《だいごてんのう》の中宮《ちゅうぐう》・穏子《おんし》に仕《つか》えた。恋多《こいおお》き女性《じょせい》として知《し》られている。

あなたに罰《ばち》が当《あ》たるでしょう

作者《さくしゃ》はかつて恋人《こいびと》の男性《だんせい》と永遠《えいえん》の愛《あい》を誓《ちか》った仲《なか》。それなのに男性《だんせい》はほかの女性《じょせい》に心変《こころが》わりをしてしまったのです。そこでこの歌《うた》。「自分《じぶん》は忘《わす》れられてもいいけれど、神《かみ》への誓《ちか》いを破《やぶ》ったあなたが、その罪《つみ》で命《いのち》を落《お》とすことが悲《かな》しいのです」という意味《いみ》です。これは相手《あいて》の男性《だんせい》を心配《しんぱい》しているのか、それとも恨《うら》んでいるのか……、どちらとも想像《そうぞう》ができる歌《うた》です。

相手《あいて》の男性《だんせい》は43番《ばん》の藤原敦忠《ふじわらのあつただ》。恋多《こいおお》き貴公子《きこうし》でしたが、38歳《さい》の若《わか》さで亡《な》くなりました。本当《ほんとう》に罰《ばち》があたったのでしょうか。

人《ひと》の命《いのち》の 惜《お》しくもあるかな

人《ひと》の気持《きも》ちは変《か》わってしまうこともあるよね

ゴロ暗記《あんき》 忘《わす》れられる人《ひと》

3字決《じき》まり ★★★

「忘《わす》らるる」は、「忘《わす》れられる」という意味《いみ》。上《かみ》の句《く》のこれと、下《しも》の句《く》の冒頭《ぼうとう》の「人《ひと》」をくっつけてしまえば、ゴロ暗記《あんき》がハイ、できあがり！

覚《おぼ》え方《かた》のイメージは、学校《がっこう》で出席《しゅっせき》をとるときに、ちゃんと出席《しゅっせき》しているのに、「今日《きょう》は○○さんは休《やす》みだな」なんていわれて、休《やす》みにされちゃうときの悲《かな》しい感《かん》じはどうだろう？

よく考《かんが》えたら、脅迫《きょうはく》しているようにも聞《き》こえるね……。

浅茅生《あさじう》の 小野《おの》の篠原《しのはら》 忍《しの》ぶれど

あまりてな
とかひとの
こひしき

歌番号《うたばんごう》：39、出典《しゅってん》：古今集《こきんしゅう》

訳《やく》

浅茅《あさじ》の生《は》える小野《おの》の篠原《しのはら》の「しの」のように忍《しの》んできましたが、あなたへの思《おも》いがあふれて、どうしてこんなにも恋《こい》しいのでしょう。

作者《さくしゃ》

参議等《さんぎひとし》（880〜951年《ねん》）
本名《ほんみょう》は源等《みなもとのひとし》。参議《さんぎ》とは政治《せいじ》を行《おこな》う大臣《だいじん》を補佐《ほさ》する仕事《しごと》のこと。嵯峨天皇《さがてんのう》のひ孫《まご》。

忍《しの》ぶ恋《こい》の切《せつ》なさよ

和歌《わか》には、ある言葉《ことば》を導《みちび》くための飾《かざ》り言葉《ことば》として「枕詞《まくらことば》」と「序詞《じょことば》」があります。枕詞《まくらことば》は五文字《ごもじ》ですが、序詞《じょことば》は作者《さくしゃ》が自由《じゆう》に作《つく》れます。

この歌《うた》は「浅茅生《あさじう》の小野《おの》の篠原《しのはら》」が、続《つづ》く「忍《しの》ぶれど」の「しの」を導《みちび》き出《だ》す序詞《じょことば》になっています。秘密《ひみつ》にするという意味《いみ》の「忍《しの》ぶ」を強調《きょうちょう》し、抑《おさ》えきれない気持《きも》ちを表《あらわ》しているのです。

「浅茅生《あさじう》」は「背《せ》の低《ひく》い茅《かや》が生《は》えている」、「小野《おの》の篠原《しのはら》」が「細《ほそ》い竹《たけ》が生《は》えている野原《のはら》」という意味《いみ》ですが、歌《うた》に直接的《ちょくせつてき》な関係《かんけい》はないようです。

あまりてなどか 人《ひと》の恋《こい》しき

好《す》きという気持《きも》ちは抑《おさ》えきれないんだね！

ゴロ暗記《あんき》 朝《あさ》、字余《じあま》り

3字決《じき》まり ★★★

朝起《あさお》きてすぐに、俳句作《はいくづく》りに挑戦《ちょうせん》！　なかなかシブい趣味《しゅみ》だよね。俳句《はいく》は、百人一首《ひゃくにんいっしゅ》のような和歌《わか》の、ちょうど上《かみ》の句《く》だけの部分《ぶぶん》でできている。だから、基本《きほん》は「五《ご》・七《しち》・五《ご》」でなければいけないんだけど、たまに5文字《もじ》が6文字《もじ》になったりすることもあるんだ。

朝《あさ》イチで作《つく》った俳句《はいく》が、そんな字余《じあま》りになってしまった！　きっと寝《ね》ぼけていたんだろうね。

恋《こい》しい気持《きも》ちを隠《かく》すことは、とてもつらいものなんだ。

忍《しの》ぶれど 色《いろ》に出《い》でにけり わが恋《こい》は

ものやおも
ふとひとの
とふまで

歌番号《うたばんごう》：40、出典《しゅってん》：拾遺集《しゅういしゅう》

訳《やく》

私《わたし》の恋《こい》は心《こころ》のなかに隠《かく》してきたつもりなのに、顔色《かおいろ》に出《で》てしまいました。「恋《こい》に悩《なや》んでいるの?」と人《ひと》にたずねられるほどに。

作者《さくしゃ》

平兼盛《たいらのかねもり》（?～990年《ねん》）

15番《ばん》の光孝天皇《こうこうてんのう》のひ孫《まご》。三十六歌仙《さんじゅうろくかせん》の一人《ひとり》。平安《へいあん》時代中期《じだいちゅうき》の代表的《だいひょうてき》な歌人《かじん》

「忍《しの》ぶ恋《こい》」の歌対決《うたたいけつ》①

この歌《うた》と次《つぎ》の41番《ばん》の歌《うた》は、村上天皇《むらかみてんのう》が開《ひら》いた歌合《うたあわせ》で、「忍《しの》ぶ恋《こい》」をテーマに対決《たいけつ》したときによまれたものです。作者《さくしゃ》の実際《じっさい》の恋《こい》ではありません。

最初《さいしょ》に「自分《じぶん》は恋心《こいごころ》を隠《かく》していたのに、どうやら顔色《かおいろ》に出《で》てしまった」と結論《けつろん》を言《い》って、その理由《りゆう》は、人《ひと》から「もしかして恋《こい》の病《やまい》なのでは?」とたずねられるほどだから、と説明《せつめい》しています。人《ひと》にバレてしまうほど、という設定《せってい》が新鮮《しんせん》です。

この歌合《うたあわせ》は作者《さくしゃ》が勝《か》ちましたが、歴史的名勝負《れきしてきめいしょうぶ》といわれています。その理由《りゆう》は98ページで。

ものや思《おも》ふと　人《ひと》の問《と》ふまで

気《き》持《も》ちがすぐに顔《かお》に出《で》てしまう人《ひと》がいるよね

ゴロ暗記《あんき》　忍《しの》ぶもの

2字《じ》決《き》まり ★★

みんなも知《し》ってるニンジャは、漢字《かんじ》で書《か》くと「忍者《にんじゃ》」だよね。だから忍者《にんじゃ》のことを「忍《しの》びの者《もの》」なんていったりする。

ここでは、好《す》きな人《ひと》ができた女《おんな》の子《こ》が、恋《こい》のパワーで忍者《にんじゃ》になり、好《す》きな人《ひと》の趣味《しゅみ》などをコッソリ探《さぐ》っているというゴロ暗記《あんき》を考《かんが》えてみたよ。でも、忍者活動《にんじゃかつどう》はほどほどにね。

恋心《こいごころ》というのは、かくすのが難《むずか》しいものなんだ。

恋《こい》すてふ《ちょう》 わが名《な》はまだき 立《た》ちにけり

ひとしれす
こそおもひ
そめしか

歌番号《うたばんごう》：41、出典《しゅってん》：拾遺集《しゅういしゅう》

訳《やく》

恋《こい》をしているという私《わたし》のうわさは、早《はや》くも世間《せけん》に知《し》られてしまった。だれにも知《し》られないように心《こころ》のなかで思《おも》い始《はじ》めたばかりなのに。

作者《さくしゃ》

壬生忠見《みぶのただみ》（生没年不明《せいぼつねんふめい》）
30番《ばん》の壬生忠岑《みぶのただみね》の息子《むすこ》。父子《ふし》ともに三十六歌仙《さんじゅうろくかせん》の一人《ひとり》。父《ちち》は古今和歌集《こきんわかしゅう》の選者《せんじゃ》でもある。

「忍《しの》ぶ恋《こい》」の歌対決《うたたいけつ》②

村上天皇《むらかみてんのう》の歌合《うたあわせ》で、「忍《しの》ぶ恋《こい》」をお題《だい》にして、40番《ばん》の平兼盛《たいらのかねもり》と競《きそ》った歌《うた》。歴史《れきし》に残《のこ》る名勝負《めいしょうぶ》でしたが、忠見《ただみ》は負《ま》けました。そのショックで病気《びょうき》になり、亡《な》くなったという説《せつ》もあるほど。

じつは二《ふた》つの歌《うた》はどちらもすばらしく、甲乙《こうおつ》つけがたかったのです。判定《はんてい》に時間《じかん》がかかり、たまたま天皇《てんのう》が「しのぶれど……」と兼盛《かねもり》の歌《うた》を小声《こごえ》で口《くち》ずさんだという理由《りゆう》で兼盛《かねもり》が勝利《しょうり》。そんな決《き》め方《かた》のせいか、その後《ご》、忠見《ただみ》の歌《うた》のほうがすばらしいとほめたたえる人《ひと》が後《あと》を絶《た》たなかったということです。

人知《ひとし》れずこそ 思《おも》ひ《い》そめしか

歌合戦《うたがっせん》に負《ま》けて、本当《ほんとう》にくやしかったんだね！

ゴロ暗記《あんき》 **恋《こい》するチョウ、人知《ひとし》れず** 2字決《じき》まり ★★

「てふ」は「ちょう」と読《よ》むよ。２番《ばん》の歌《うた》の「衣《ころも》ほすてふ」と同《おな》じだ。さて、ここでは「人知《ひとし》れず、美《うつく》しい花《はな》に恋《こい》するチョウチョ」を空想《くうそう》してみよう。まるでアンデルセン童話《どうわ》のようだね。

チョウチョは、花《はな》の蜜《みつ》を吸《す》うけれど、どうせなら美《うつく》しい花《はな》から吸《す》いたい。でも、その花《はな》は人気《にんき》があってなかなか吸《す》わせてもらえない……そんなイメージはどうかな？

恋《こい》する気持《きも》ちは、すぐにバレてしまうものなのかも!?

契《ちぎ》りきな かたみに袖《そで》を しぼりつつ

すゑのまつ
やまなみこ
さしとは

歌番号《うたばんごう》：42、出典《しゅってん》：後拾遺集《ごしゅういしゅう》

心変《こころが》わりはありえない

いきなり「約束《やくそく》をしましたよね！」から始《はじ》まるドキッとする歌《うた》です。愛《あい》する女性《じょせい》と「ずっといっしょにいよう」と誓《ちか》ったのに、その女性《じょせい》が心変《こころが》わりをしてしまった。そこで悲《かな》しみにくれた男性《だんせい》は、女性《じょせい》に贈《おく》る効果的《こうかてき》な歌《うた》を作《さく》者《しゃ》に作《つく》ってもらったのです。当時《とうじ》は歌《うた》の名人《めいじん》に和歌《わか》を作《つく》ってもらう代作《だいさく》は普通《ふつう》のことでした。

「末《すえ》の松山《まつやま》」は宮城県《みやぎけん》の海岸《かいがん》の奥《おく》にある松《まつ》の名所《めいしょ》で、絶対《ぜったい》に波《なみ》をかぶらないということで有名《ゆうめい》でした。そこから「絶対《ぜったい》にありえない」というときの例《たと》えに使《つか》われるようになりました。

訳《やく》

約束《やくそく》しましたよね。お互《たが》いに涙《なみだ》で濡《ぬ》れた袖《そで》をしぼりながら、二人《ふたり》の愛情《あいじょう》が変《か》わるなんてありえない。永遠《えいえん》にいっしょだと。

作者《さくしゃ》

清原元輔《きよはらのもとすけ》（908〜990年《ねん》）

62番《ばん》の清少納言《せいしょうなごん》の父《ちち》。三十六歌仙《さんじゅうろっかせん》の一人《ひとり》。後撰集《ごせんしゅう》をまとめた中心人物《ちゅうしんじんぶつ》。

末《すえ》の松山《まつやま》 波越《なみこ》さじとは

ゴロ暗記《あんき》 **ちぎりきす** | 4字決《じき》まり ★★★★

このゴロ暗記《あんき》は、ちょっとこわい感《かん》じかも!?　でも、人《ひと》を好《す》きになったことがあるなら、きっと理解《りかい》できると思《おも》うよ。好《す》きなんだけど、気持《きも》ちを伝《つた》えられないクラスメートのあの子《こ》。思《おも》わずクラスの集合写真《しゅうごうしゃしん》をちぎって、その子《こ》だけにしてしまい、キスしちゃう！

下《しも》の句《く》の「す」は一枚札《いちまいふだ》だから「ちぎりき」ときたら、すぐに「す」ではじまる取《と》り札《ふだ》をねらおう。

衝撃的《しょうげきてき》な歌《うた》だけど、じつは代作《だいさく》なんだって。

逢《あ》ひ《い》見《み》ての 後《のち》の心《こころ》に くらぶれば

むかしはも
のをおもは
さりけり

歌番号《うたばんごう》：43、出典《しゅってん》：拾遺集《しゅういしゅう》

訳《やく》

あなたと一夜《いちや》をともにした後《あと》の、この切《せつ》なさに比《くら》べたら、あなたと会《あ》う前《まえ》のもの思《おも》いなど、悩《なや》みのうちにも入《はい》らないものですよ。

作者《さくしゃ》

権中納言敦忠《ごんちゅうなごんあつただ》（906〜943年《ねん》）
本名《ほんみょう》は藤原敦忠《ふじわらのあつただ》。17番《ばん》の在原業平《ありわらのなりひら》のひ孫《まご》。三十六歌仙《さんじゅうろくかせん》の一人《ひとり》で琵琶《びわ》の名手《めいしゅ》でもあった。

恋《こい》は実《みの》った。でもせつない

作者《さくしゃ》は史上最高《しじょうさいこう》のイケメンといわれる在原業平《ありわらのなりひら》の子《し》孫《そん》、藤原敦忠《ふじわらのあつただ》。38番《ばん》の右近《うこん》をはじめ、多《おお》くの女性《じょせい》との恋《こい》物語《ものがたり》で有名《ゆうめい》な歌人《かじん》です。この歌《うた》は「念願《ねんがん》がかなって、好《す》きな女性《じょせい》と愛《あい》し合《あ》う仲《なか》になれたのに、切《せつ》ない気持《きも》ちは会《あ》う前《まえ》以上《いじょう》に強《つよ》くなった」と「会《あ》う前《まえ》」「会《あ》った後《あと》」の気《き》持《も》ちを対比《たいひ》させることで、その女性《じょせい》を愛《あい》する気持《きも》ちをより強《つよ》く表現《ひょうげん》しています。

当時《とうじ》の恋愛《れんあい》では、男性《だんせい》が女性《じょせい》の家《いえ》から自分《じぶん》の屋敷《やしき》へ帰《かえ》ったあと、女性《じょせい》に和歌《わか》を贈《おく》るのがマナー。このような歌《うた》を「後朝《きぬぎぬ》の歌《うた》」と言《い》います。

昔《むかし》はものを 思《おも》はざりけり

ゴロ暗記《あんき》

愛見《あいみ》てムカッ!

2字決《じき》まり ★★

ここでは「愛見《あいみ》てムカッ！」というゴロ暗記《あんき》を紹介《しょうかい》するよ。この「愛見《あいみ》て」は、自分《じぶん》がいいなぁと思《おも》っていた人《ひと》が、ほかの人《ひと》とラブラブ（愛《あい》）なところをうっかり見《み》てしまった、ということ。それまでとても好《す》きだったはずなのに、そんなところを見《み》た瞬間《しゅんかん》、なぜかにくくなってムカッとなってしまったんだね。

愛《あい》は、一瞬《いっしゅん》でにくしみに変《か》わることもあるんだね。

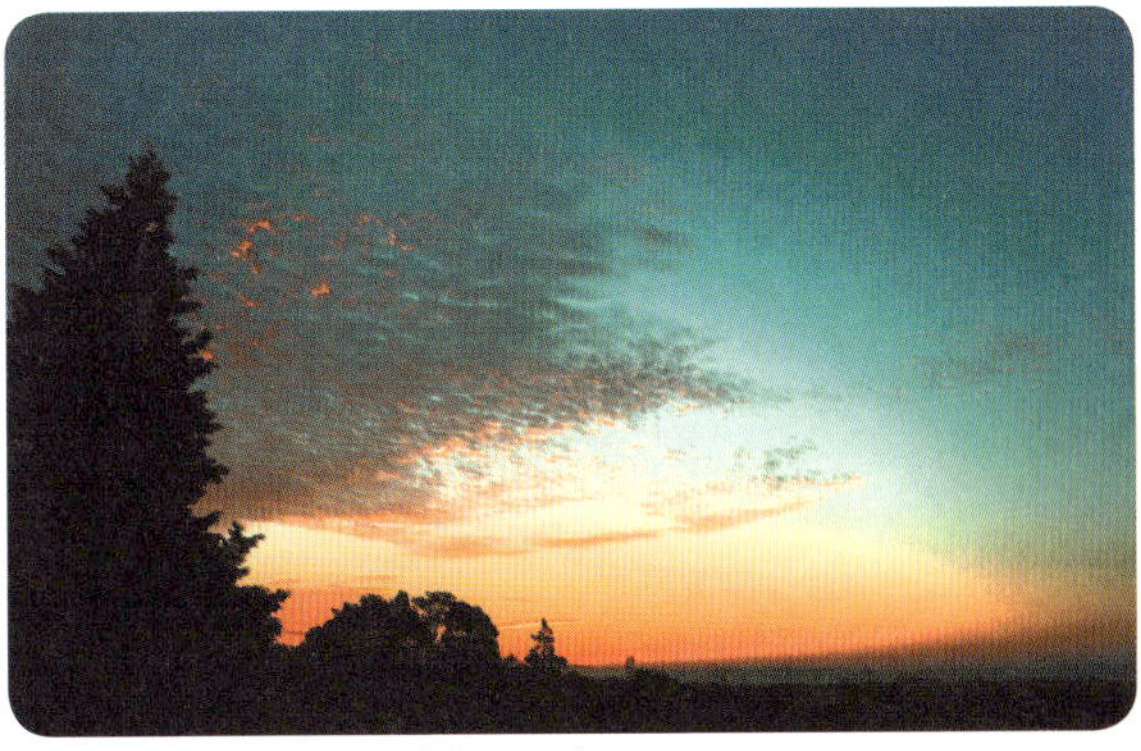

会《あ》う前《まえ》よりも後《あと》のほうが気持《きも》ちが強《つよ》くなったりするね。

会《あ》うたびに歌《うた》を詠《よ》むのも大変《たいへん》だよね

逢《あ》ふことの 絶《た》えてしなくは なかなかに

ひとをもみ
をもうらみ
さらまし

歌番号《うたばんごう》：44、出典《しゅってん》：拾遺集《しゅういしゅう》

訳《やく》

あの人《ひと》を愛《あい》し合《あ》うことが一度《いちど》もなければ、かえってあの人《ひと》の冷《つめ》たさや自分《じぶん》の不幸《ふこう》も、こんなにうらむことはなかったのに。

作者《さくしゃ》

中納言朝忠《ちゅうなごんあさただ》（910～966年《ねん》）

本名《ほんみょう》は藤原朝忠《ふじわらのあさただ》。三十六歌仙《さんじゅうろくかせん》の一人《ひとり》。笙《しょう》（笛《ふえ》の一種《いっしゅ》）の名人《めいじん》だった。

会《あ》わないほうがマシ

この歌《うた》も、40番《ばん》の平兼盛《たいらのかねもり》と41番《ばん》の壬生忠見《みぶのただみ》が対決《たいけつ》した村上天皇《むらかみてんのう》の歌合《うたあわせ》でよまれたもの。「一度《いちど》は会《あ》ったが、なんらかの事情《じじょう》で会《あ》えなくなった恋《こい》」がお題《だい》として出《だ》されました。

「あの女性《じょせい》と結《むす》ばれることがなければ、こんなに苦《くる》しむこともなかったのに」と、いっそ会《あ》わないほうがよかったと嘆《なげ》く男性《だんせい》の複雑《ふくざつ》な気持《きも》ちがひしひしと伝《つた》わってきます。

「なかなかに」とは「かえって」「いっそのこと」という意味《いみ》です。

人《ひと》をも身《み》をも　恨《うら》みざらまし

ゴロ暗記《あんき》

会《あ》う人《ひと》をもみ

3字《じ》決《き》まり ★★★

「人《ひと》をも身《み》をも」の「ひとをもみ」の部分《ぶぶん》だけ拝借《はいしゃく》して、ゴロ暗記《あんき》を考《かんが》えてみよう。上《かみ》の句《く》の「逢《あ》ふ」は、今使《いまつか》われている「会《あ》う」という意味《いみ》とは少《すこ》し違《ちが》うけれど、同《おな》じものだとして考《かんが》えよう。

会《あ》う人《ひと》会《あ》う人《ひと》、「おはよう！」「元気《げんき》？」などとあいさつをしながら、ちょっと肩《かた》をモミモミ、腰《こし》をモミモミ……、そんな人《ひと》をイメージしてみよう。

「いっそ会《あ》わないほうがよかった」という気持《きも》ち、わかるかな？

あはれ《わ》とも言《い》ふ《う》べき人《ひと》は思《おも》ほ《お》えで

みのいたつ
らになりぬ
へきかな

歌番号《うたばんごう》：45、出典《しゅってん》：拾遺集《しゅういしゅう》

訳《やく》

私《わたし》のことをかわいそうだと言《い》う人《ひと》も思《おも》い浮《う》かばないまま、私《わたし》はあなたに恋《こ》い焦《こ》がれながらむなしく死《し》んでいくのでしょう。

作者《さくしゃ》

謙徳公《けんとくこう》（924～972年《ねん》）
生前《せいぜん》の名前《なまえ》は藤原伊尹《ふじわらのこれただ》。謙徳公《けんとくこう》は死後《しご》につけられた名前《なまえ》。26番《ばん》の貞信公《ていしんこう》の孫《まご》。

恋人《こいびと》の同情《どうじょう》を誘《さそ》う歌《うた》

恋人《こいびと》が冷《つめ》たい態度《たいど》をとるようになり、会《あ》ってくれないと嘆《なげ》く男性《だんせい》の歌《うた》です。「だれも私《わたし》をかわいそうだと思《おも》ってくれない」とか「私《わたし》はこのままむなしく死《し》んでいくのでしょう」などと、男性《だんせい》としては少《すこ》しめめしい感《かん》じもしますが、そんな弱音《よわね》を吐《は》くほど気落《きお》ちした気持《きも》ちが素直《すなお》に表現《ひょうげん》されています。

「いたづらに」とは、本来《ほんらい》は「むだに」「むなしく」の意味《いみ》。ここでは「わが身《み》をむだにする」、つまり「命《いのち》をむだにする」というところから、「死《し》ぬ」の意味《いみ》になります。

身《み》のいたづ《ず》らに なりぬべきかな

ゴロ暗記《あんき》

あわれ身《み》のなり

3字決《じき》まり ★★★

下《しも》の句《く》からは、「みの」と「なり」をピックアップしてゴロ暗記《あんき》にしてみたよ。

自分《じぶん》では「イケてる！」と思《おも》いこんでいる、とんでもないファッションセンスの男子《だんし》がひとり。いつもスマホで自撮《じど》りをしている。でもカゲではみんな、「あの男子《だんし》のファッション、いったいどうなってるの？」と思《おも》われているみたい！

「むなしく死《し》ぬ」って、ちょっとおおげさだよね。

由良《ゆら》の門《と》を 渡《わた》る舟人《ふなびと》 かぢ《じ》を絶《た》え

ゆくへもしらぬこひのみちかな

歌番号《うたばんごう》：46、出典《しゅってん》：新古今集《しんこきんしゅう》

訳《やく》

由良《ゆら》の海峡《かいきょう》を渡《わた》る舟人《ふなびと》が、かじがなくなって行《ゆ》く先《さき》もわからずに海《うみ》に漂《ただよ》うように、私《わたし》の恋《こい》の行方《ゆくえ》もどうなってゆくのかわからない。

作者《さくしゃ》

曾禰好忠《そねのよしただ》（生没年不明《せいぼつねんふめい》）

丹後掾《たんごのじょう》という丹後《たんご》（京都《きょうと》の北部《ほくぶ》）の下級役人《かきゅうやくにん》。変《か》わり者《もの》で独特《どくとく》の作風《さくふう》をもつ。死後《しご》に評価《ひょうか》された。

恋《こい》の行方《ゆくえ》が不安《ふあん》です

これからどうなるのか、予想《よそう》がつかない恋《こい》の不安《ふあん》をよんだ歌《うた》です。心細《こころぼそ》い気持《きも》ちを、「舟《ふね》をこぐ道具《どうぐ》であるかじがなくなって、広《ひろ》い海《うみ》をさまよい、途方《とほう》に暮《く》れている舟乗《ふねの》り」にたとえています。情景《じょうけい》が目《め》にうかびやすいでしょう。

上《かみ》の句《く》の17字《じ》は、下《しも》の句《く》の「行方《ゆくえ》も知《し》らぬ」を導《みちび》き出《だ》す序詞《じょことば》になっています。また、「門《と》」「渡《わた》る」「かぢ」「行《ゆ》方《くえ》」「道《みち》」は、どれも「移動《いどう》」に関連《かんれん》する言葉《ことば》を並《なら》べています。「由良《ゆら》」は歌枕《うたまくら》（和歌《わか》に多《おお》くよまれる名所《めいしょ》）です。この歌《うた》にはさまざまな技法《ぎほう》が使《つか》われているのです。

行方《ゆくえ》も知《し》らぬ　恋《こい》の道《みち》かな

ゴロ暗記《あんき》　ゆらゆらゆくえ、恋《こい》の道《みち》

2字《じ》決《き》まり ★★

上《かみ》の句《く》の「由良《ゆら》」は地名《ちめい》だけど、ゴロ暗記《あんき》では「ゆらゆら」と2つ重《かさ》ねて、揺《ゆ》れ動《うご》いているさまを表現《ひょうげん》することにしよう。

では、なにが揺《ゆ》れ動《うご》いているのかというと、ずばり「恋《こい》の道《みち》」！　おつきあいしている2人《ふたり》が手《て》をつなぎながら歩《ある》いているんだけど、その目的地《もくてきち》ははっきり決《き》まっていないようすだ。歩《ある》いているだけで楽《たの》しいんだね。

船《ふね》に乗《の》っていると、海《うみ》の広《ひろ》さに呆然《ぼうぜん》とすることがあるね。

八重《やえ》むぐら 茂《しげ》れる宿《やど》の さびしきに

ひとこそみ
えねあきは
きにけり

歌番号《うたばんごう》：47、出典《しゅってん》：拾遺集《しゅういしゅう》

訳《やく》

つる草《くさ》が何重《なんじゅう》にも生《お》い茂《しげ》った屋敷《やしき》はさびしいものです。訪《たず》ねてくる人《ひと》はいないが、秋《あき》だけはやってきたようです。

作者《さくしゃ》

恵慶法師《えぎょうほうし》（生没年不明《せいぼつねんふめい》）

播磨《はりま》の国《くに》（兵庫県《ひょうごけん》）の国分寺《こくぶんじ》の僧侶《そうりょ》。平兼盛《たいらのかねもり》・源《みなもとの》重之《しげゆき》など、当時《とうじ》の一流歌人《いちりゅうかじん》と親《した》しかった。

荒《あ》れた屋敷《やしき》に来《く》る秋《あき》

和歌《わか》で「宿《やど》」といえば家《いえ》や屋敷《やしき》のこと。旅館《りょかん》ではありません。そして、この宿《やど》は14番《ばん》の河原左大臣《かわらのさだいじん》がつくったとされる別荘《べっそう》「河原院《かわらのいん》」を指《さ》しています。この別荘《べっそう》は建《た》てられた当時《とうじ》は、ぜいたくの限《かぎ》りをつくした豪華《ごうか》なものでしたが、時《とき》は過《す》ぎ、作者《さくしゃ》がこの地《ち》を訪《おとず》れたときは、すっかり荒《あ》れ果《は》てて廃墟《はいきょ》になっていました。「八重《やえ》むぐら」のむぐらとは、つる草《くさ》や雑草《ざっそう》のことです。

「人《ひと》の世《よ》は移《うつ》り変《か》わっても、秋《あき》は毎年《まいとし》変《か》わらずにやってくる」と、秋《あき》のさびしさと自然《しぜん》の営《いとな》みは変《か》わらないこと、さらに人《ひと》の世《よ》のはかなさも対照的《たいしょうてき》に描《えが》いています。

人《ひと》こそ見《み》えね　秋《あき》は来《き》にけり

季節《きせつ》は人《ひと》の暮《く》らしとは関係《かんけい》なく巡《めぐ》るんだね

ゴロ暗記《あんき》　八重《やえ》、人《ひと》こそ見《み》えねー

2字決《じき》まり ★★

「十二単《じゅうにひとえ》」という言葉《ことば》を聞《き》いたことがあると思《おも》う。平安《へいあん》時代《じだい》の貴族《きぞく》の女性《じょせい》が着《き》ていた、12枚《まい》でワンセットの着物《きもの》だね。

ここでは、それをマネして8枚《まい》もの着物《きもの》を重《かさ》ねて着《き》てみた女《おんな》の子《こ》を想像《そうぞう》しよう。8枚《まい》も着《き》たら、着《き》ぶくれで自由《じゆう》に動《うご》けないレベルだと思《おも》うけど、あんがい人《ひと》には気付《きづ》いてもらえないのかもしれないね。

四季《しき》のなかで、とくに秋《あき》はさびしい気分《きぶん》になるね。

風《かぜ》をいたみ 岩《いわ》うつ波《なみ》の おのれのみ

くだけても
のをおもふ
ころかな

歌番号《うたばんごう》：48、出典《しゅってん》：詞花集《しかしゅう》

訳《やく》

風《かぜ》が激《はげ》しくて、岩《いわ》を打《う》つ波《なみ》が砕《くだ》け散《ち》っているように、恋《こい》する人《ひと》がつれなくて、私《わたし》だけが心《こころ》も砕《くだ》けるほどに、思《おも》い悩《なや》んでいるこの頃《ごろ》です。

作者《さくしゃ》

源《みなもとの》　重之《しげゆき》（?～1003年《ねん》）
三十六歌仙《さんじゅうろくかせん》の一人《ひとり》。清和天皇《せいわてんのう》のひ孫《まご》。地位《ちい》の低《ひく》い地方《ちほう》の役人《やくにん》だった。

当《あ》たって砕《くだ》けました

何度《なんど》冷《つめ》たくされても、好《す》きな女性《じょせい》にアタックし続《つづ》ける自分《じぶん》を、「びくともしない岩《いわ》に砕《くだ》け散《ち》る波《なみ》」に例《たと》えています。

「当《あ》たって砕《くだ》けろ！」の精神《せいしん》で、繰《く》り返《かえ》し女性《じょせい》に思《おも》いを伝《つた》えてきたけど、なかなか振《ふ》り向《む》いてくれない。「もう砕《くだ》けてしまいました」という絶望感《ぜつぼうかん》さえにじみ出《で》ているような、作者《さくしゃ》の思《おも》い乱《みだ》れた様子《ようす》が想像《そうぞう》できます。

「くだけてものを思《おも》ふころかな」という表現《ひょうげん》は、「心《こころ》がくだけるほどに悩《なや》んでいる」という意味《いみ》ですが、当時《とうじ》の和歌《わか》の世界《せかい》で流行《りゅうこう》した決《き》まり文句《もんく》だったようです。

くだけてものを 思《おも》ふこころかな

ゴロ暗記《あんき》 風《かぜ》を食《く》った

3字《じき》決まり ★★★

「風《かぜ》」ではじまる歌《うた》は、この歌《うた》と「風《かぜ》そよぐ」と続《つづ》く98番《ばん》の歌《うた》の2つ。なので「風《かぜ》を」ときたら、「くだけて…」と覚《おぼ》えておこう。

覚《おぼ》え方《かた》は、「風《かぜ》を食《く》った（だ）」というのはどうだろう？

もちろん風《かぜ》なんて食《た》べられるわけがないけれど、風《かぜ》に向《むか》って大《おお》きく口《くち》をあけていれば、まるで風《かぜ》を食《た》べているように見《み》えないかな？

波《なみ》が何度《なんど》もぶつかれば、岩《いわ》をもくだくことがあるんだ。

みかきもり 衛士《えじ》のたく火《ひ》の 夜《よる》は燃《も》え

ひるはきえ
つつものを
こそおもへ

歌番号《うたばんごう》：49、出典《しゅってん》：詞花集《しかしゅう》

訳《やく》

宮中《きゅうちゅう》の門《もん》を守《まも》る衛士《えじ》のたくかがり火《び》のように、私《わたし》の恋《こい》の炎《ほのお》は、夜《よる》は燃《も》え上《あ》がり、昼《ひる》は消《き》えるほどに、毎日《まいにち》もの思《おも》いに沈《しず》んでいます。

作者《さくしゃ》

大中臣能宣朝臣《おおなかとみのよしのぶあそん》（921～991年《ねん》）

三十六歌仙《さんじゅうろくかせん》の一人《ひとり》。代々《だいだい》の歌人《かじん》であると同時《どうじ》に伊《い》勢神宮《せじんぐう》の祭主《さいしゅ》でもあった。

かがり火《び》のような恋《こい》の炎《ほのお》

「みかきもり」というのは、宮廷《きゅうてい》の門《もん》を警護《けいご》する仕事《しごと》で、「衛士《えじ》」とは諸国《しょこく》から宮中《きゅうちゅう》を護衛《ごえい》するために集《あつ》められた兵士《へいし》たちのこと。夜《よる》はかがり火《び》をたいて、宮廷《きゅうてい》の門《もん》を守《まも》りました。

そんなかがり火《び》は、暗《くら》い夜《よる》は激《はげ》しく燃《も》え、明《あか》るい昼間《ひるま》は消《き》えています。その様子《ようす》と自分《じぶん》の恋《こい》を重《かさ》ね、昼《ひる》と夜《よる》の落差《らくさ》と恋《こい》に揺《ゆ》れ動《うご》く作者《さくしゃ》の気持《きも》ちを表現《ひょうげん》したのが、この歌《うた》です。

「夜《よる》と昼《ひる》」「夜《よる》の暗《くら》さとかがり火《び》」の明《あか》るさの対比《たいひ》が、情景《じょうけい》をいっそう鮮明《せんめい》にしています。

昼《ひる》は消《き》えつつ　ものをこそ思《おも》へ

ゴロ暗記《あんき》　**みかん昼《ひる》は消《き》え**　3字《じ》決《き》まり ★★★

上《かみ》の句《く》の「みか」と下《しも》の句《く》の「昼《ひる》は消《き》え」の間《あいだ》に、「ん」をコッソリ忍《しの》ばせれば、「みかん昼《ひる》は消《き》え」という覚《おぼ》えやすいゴロ暗記《あんき》ができるよ。

朝《あさ》、テーブルの上《うえ》にあったおいしそうなみかん。お昼《ひる》に食《た》べようと楽《たの》しみにしていたのに、いざお昼《ひる》になってみると、「あれ、なくなってる!　だれが食《た》べたんだ～!」とうらめしい気持《きも》ちになるよね。

この歌《うた》では、明《あか》るさを表現《ひょうげん》しているんだ。

君《きみ》がため 惜《お》しからざりし 命《いのち》さへ

なかくもか
なとおもひ
けるかな

歌番号《うたばんごう》：50、出典《しゅってん》：後拾遺集《ごしゅういしゅう》

訳《やく》

あなたとの恋《こい》が実《みの》るなら死《し》んでも惜《お》しくはないと思《おも》っていた命《いのち》までも、恋《こい》が実《みの》った今《いま》は、末永《すえなが》く一緒《いっしょ》にいたいと思《おも》うようになりました。

作者《さくしゃ》

藤原義孝《ふじわらのよしたか》（954～974年《ねん》）
45番《ばん》の謙徳公《けんとくこう》の子《こ》。イケメンで歌人《かじん》としても優《すぐ》れ、仏教《ぶっきょう》の道《みち》にも励《はげ》んでいた。

考《かんが》えが変《か》わりました！

恋人《こいびと》に会《あ》うまでは、「命《いのち》を捨《す》ててもかまわない」と思《おも》っていたのに、恋《こい》が実《みの》ったら、「もっと長生《ながい》きしてずっとあなたといっしょにいたい」という、作者《さくしゃ》の気持《きも》ちの大《おお》きな変化《へんか》が印象的《いんしょうてき》です。恋《こい》が実《みの》ったうれしさと、恋人《こいびと》への思《おも》いがより強《つよ》くなったことが伝《つた》わってきます。「長《なが》くもがなと」の「もがな」とは「～したい」という願望《がんぼう》を表《あらわ》す言葉《ことば》です。

「ずっと彼女《かのじょ》といっしょにいたい」とこの歌《うた》をよんだ作者《さくしゃ》でしたが、21歳《さい》の若《わか》さで流行《りゅうこう》の病気《びょうき》、天然痘《てんねんとう》で亡《な》くなりました。

長《なが》くもがなと 思《おも》ひけるかな

好《す》きな人《ひと》とは
ずっといっしょ
にいたいよね

ゴロ暗記《あんき》 **きみがため、おしり長く** 6字決《じき》まり ★★★★★★

この歌《うた》は6字決《じき》まり、つまり「きみがため」ではじまる歌《うた》はこの歌《うた》だけでないので注意《ちゅうい》が必要《ひつよう》だ。その次《つぎ》の「お」を聞《き》いたらすぐに反応《はんのう》しよう。

ゴロ暗記《あんき》は、「おしり長《なが》く」で覚《おぼ》えよう。たとえば、美《うつく》しく長《なが》い尾《お》をもったオスのトリが、メスの気《き》を引《ひ》くために、もっと尾《お》を長《なが》くしたい！　と考《かんが》えているところをイメージするのはどうだろう？

作者《さくしゃ》の気持《きも》ちが痛《いた》いほど伝《つた》わってくるね。

かくとだに えやはいぶきの さしも草《ぐさ》

さしもしら
しなもゆる
おもひを

歌番号《うたばんごう》：51、出典《しゅってん》：後拾遺集《ごしゅういしゅう》

訳《やく》

こんなにあなたに恋《こい》していることさえ言《い》えないので、伊吹山《いぶきやま》のさしも草《ぐさ》のように燃《も》え上《あ》がる私《わたし》の気持《きも》ちを、あなたは知《し》らないでしょうね。

作者《さくしゃ》

藤原実方朝臣《ふじわらのさねかたあそん》（?～998年《ねん》）
26番《ばん》・貞信公《ていしんこう》のひ孫《まご》。宮中《きゅうちゅう》で高《たか》い地位《ちい》についたが、トラブルをおこして、陸奥守《むつのかみ》に左遷《させん》された。

「さしも草《ぐさ》」のような恋心《こいごころ》

歌《うた》のなかに出《で》てくる「さしも草《ぐさ》」とは、よもぎのこと。草《くさ》もちに入《い》れて食《た》べるだけでなく、昔《むかし》からの健康法《けんこうほう》の「お灸《きゅう》」の原料《げんりょう》になる草《くさ》です。お灸《きゅう》ですから、じんわりと、でも熱《あつ》く燃《も》える様子《ようす》を、この恋《こい》が初恋《はつこい》である作者《さくしゃ》は、自分《じぶん》の恋心《こいごころ》に重《かさ》ねたのです。

「えやは」とは「～できようか、いやできない」という意味《いみ》で、続《つづ》く「いぶきの」の「いふ」に掛《か》かり、「あなたに言《い》うことができません」となります。「いぶきの」と言《い》ったのは、岐阜県《ぎふけん》と滋賀県《しがけん》の県境《けんざかい》にある伊吹山《いぶきやま》が、さしも草《ぐさ》の産地《さんち》だから。技巧《ぎこう》に富《と》んだ歌《うた》なのです。

さしも知《し》らじな燃《も》ゆる思《おも》ひ《い》を

ゴロ暗記《あんき》　**かくさ**　2字《じ》決《き》まり ★★

下《しも》の句《く》の「さ」は一枚札《いちまいふだ》。だから下《しも》の句《く》は、いちばんはじめの「さ」だけ覚《おぼ》えておけばいいね。

ここでは「かくさ」というゴロ暗記《あんき》を覚《おぼ》えよう。たとえば、公園《こうえん》などで蚊《か》に手足《てあし》をさされまくってしまって、思《おも》わずかいてしまう子《こ》どもというイメージはどうかな？

かけばかくほど、さらにかゆくなってしまうのはわかっているんだけど……、でもやっぱりかいちゃうよね。

燃《も》える恋心《こいごころ》を「お灸《きゅう》」で表現《ひょうげん》するなんて、技《わざ》アリだ！

明《あ》けぬれば 暮《く》るるものとは 知《し》りながら

なほうらめ
しきあさほ
らけかな

歌番号《うたばんごう》：52、出典《しゅってん》：後拾遺集《ごしゅういしゅう》

訳《やく》

夜《よる》が明《あ》ければ、やがて日《ひ》が暮《く》れてあなたに会《あ》えることはわかっています。それでも帰《かえ》らなくてはいけない夜明《よあ》けはうらめしいことです。

作者《さくしゃ》

藤原道信朝臣《ふじわらのみちのぶあそん》（972～994年《ねん》）

45番《ばん》の謙徳公《けんとくこう》の孫《まご》。和歌《わか》に秀《ひい》でていたが、23歳《さい》で流行《りゅうこう》の病《やまい》、天然痘《てんねんとう》で亡《な》くなった。

朝《あさ》の別《わか》れに、ついため息《いき》

当時《とうじ》の恋愛《れんあい》は、男性《だんせい》が愛《あい》する女性《じょせい》のところへ行《い》き、夜《よる》をともにして、夜《よる》が明《あ》ける前《まえ》に自分《じぶん》の屋敷《やしき》へ帰《かえ》り、女性《じょせい》に和歌《わか》を送《おく》るというスタイルでした。だから明《あ》け方《がた》になると男性《だんせい》は「帰《かえ》るのはいやだなあ、もっといっしょにいたいなあ」という気持《きも》ちになるのです。

これもそのように「朝《あさ》が恨《うら》めしいよ」とぼやいている歌《うた》ですが、後拾遺和歌集《ごしゅういわかしゅう》にはこの歌《うた》が雪《ゆき》の降《ふ》る日《ひ》につくられたと書《か》いてあります。冬《ふゆ》の夜《よる》は長《なが》いので、いっしょにいた時間《じかん》が長《なが》いのに、「それでも別《わか》れたくないんだ」という作者《さくしゃ》の強《つよ》い情熱《じょうねつ》が伝《つた》わってきます。

なほ《お》恨《うら》めしき　朝《あさ》ぼらけかな

ゴロ暗記《あんき》　開《ひら》けなお裏目《うらめ》　2字《じ》決まり ★★

「裏目《うらめ》」って知《し》ってるかな？　「裏目《うらめ》に出《で》る」というふうに使《つか》い、その意味《いみ》は「やったことの結果《けっか》が、予想《よそう》とは反対《はんたい》になってしまう」という意味《いみ》だ。

それとは別《べつ》に、上《うえ》のまぶたをひっくり返《かえ》して変顔《へんがお》にすることも「裏目《うらめ》」といったりする。その裏目《うらめ》をずっと続《つづ》けているいたずらっ子《こ》のことをイメージしてみるのはどうだろう？

みんなも「朝《あさ》がくるのがイヤだ」と思《おも》ったことはない？

嘆《なげ》きつつ ひとり寝《ぬ》る夜《よ》の 明《あ》くる間《ま》は

いかにひさ
しきものと
かはしる

歌番号《うたばんごう》：53、出典《しゅってん》：拾遺集《しゅういしゅう》

訳《やく》

あなたが来《こ》ないことを嘆《なげ》きながら一人《ひとり》で寝《ね》る夜《よる》。そんな夜《よる》が明《あ》けるまでの時間《じかん》はどんなに長《なが》いか、どうせおわかりにならないでしょうね。

作者《さくしゃ》

右大将道綱母《うだいしょうみちつなのはは》（937?～995年《ねん》）

藤原家《ふじはらけ》の全盛期《ぜんせいき》を築《きず》いた藤原兼家《ふじわらのかねいえ》と結婚《けっこん》し、道綱《みちつな》を産《う》む。「蜻蛉日記《かげろうにっき》」の作者《さくしゃ》。

どうして来《こ》ないの。フン！

作者《さくしゃ》の夫《おっと》は時《とき》の権力者《けんりょくしゃ》、藤原兼家《ふじわらのかねいえ》。兼家《かねいえ》には作者《さくしゃ》のほかに何人《なんにん》も妻《つま》や恋人《こいびと》がいて、作者《さくしゃ》の家《いえ》にはほとんど来《く》ることがありませんでした。この時代《じだい》の恋愛《れんあい》は、女性《じょせい》が積《せっ》極的《きょくてき》に会《あ》いに行《い》くことは許《ゆる》されず、男性《だんせい》が来《き》てくれることを待《ま》つしかなかったのです。女性《じょせい》が「あなたが来《こ》なくてさびしい」と嘆《なげ》く和歌《わか》が多《おお》いなか、作者《さくしゃ》は違《ちが》います。久《ひさ》しぶりに兼家《かねいえ》が作者《さくしゃ》のところへ来《き》たのに「許《ゆる》せない！」と怒《おこ》って、門《もん》を開《あ》けませんでした。すると、兼家《かねいえ》は別《べつ》の女性《じょせい》のところへ行《い》ってしまったのです。この歌《うた》は、そのときに送《おく》った不満爆発《ふまんばくはつ》の歌《うた》なのです。

いかに久《ひさ》しき ものとかは知《し》る

本当《ほんとう》は会《あ》いたかったのに意地《いじ》を張《は》ったんだね

ゴロ暗記《あんき》 なげきイカ

3字《じ》決《き》まり ★★★

「なげき」というと、ちょっとだけむずかしい言葉《ことば》かもしれない。だからここでは、泣《な》いているイメージを想像《そうぞう》すればわかりやすいかな。

この歌《うた》のゴロ暗記《あんき》では、ひとりで寝《ね》るのがさびしすぎて思《おも》わず泣《な》いてしまうイカ、というのはどうだろう？

最近《さいきん》では、イカを擬人化《ぎじんか》するのがはやっているみたいだしね！

怒《いか》りの気持《きも》ちを文字《もじ》にのせて作《つく》られた歌《うた》だね。

忘《わす》れじの 行《ゆ》く末《すえ》までは かたければ

けふをかき
りのいのち
ともかな

歌番号《うたばんごう》：54、出典《しゅってん》：新古今集《しんこきんしゅう》

訳《やく》

私《わたし》を忘《わす》れないというあなたの言葉《ことば》は、将来《しょうらい》まで保証《ほしょう》されないでしょう。だから私《わたし》は今日《きょう》を最後《さいご》の命《いのち》として死《し》んでしまいたいものです。

作者《さくしゃ》

儀同三司母《ぎどうさんしのはは》（?～996年《ねん》）
本名《ほんみょう》は高階貴子《たかしなたかこ》。藤原道隆《ふじわらのみちたか》の妻《つま》。藤原伊周《ふじわらのこれちか》、藤原《ふじはらの》隆家《たかいえ》、中宮定子《ちゅうぐうていし》を生《う》んだ。

新婚《しんこん》の妻《つま》が夫《おっと》へ送《おく》った歌《うた》

この時代《じだい》は一夫多妻制《いっぷたさいせい》（一人《ひとり》の男性《だんせい》に複数《ふくすう》の妻《つま》がいること）で、妻《つま》は結婚《けっこん》しても夫《おっと》が自分《じぶん》を思《おも》い続《つづ》けてくれる保証《ほしょう》はない、という不安《ふあん》な気持《きも》ちをいつももっていました。夫《おっと》がほかの女性《じょせい》を好《す》きになり、自分《じぶん》のもとへ通《かよ》わなくなれば、その結婚生活《けっこんせいかつ》は終《お》わりとなり、夫《おっと》からの経済《けいざい》的《てき》な援助《えんじょ》もなくなります。死活問題《しかつもんだい》なのです。

この歌《うた》は「夫《おっと》の優《やさ》しい言葉《ことば》を聞《き》いて、最高《さいこう》に幸《しあわ》せな今日《きょう》、この日《ひ》を最後《さいご》に私《わたし》が死《し》んでしまえば、将来夫《しょうらいおっと》が心《こころ》変《が》わりしても辛《つら》い思《おも》いをすることもないだろう」というもの。当時《とうじ》の女性《じょせい》の切《せつ》なさが伝《つた》わってきます。

今日《きょう》を限《かぎ》りの 命《いのち》ともがな

ゴロ暗記《あんき》

忘《わす》れ今日《きょう》を

3字《じ》決《き》まり ★★★

夏休《なつやす》みなど休《やす》みが長《なが》く続《つづ》くと、今日《きょう》が何日《なんにち》だったか、何曜日《なんようび》だったかがわからなくなったりしたことはないかい？　この歌《うた》のゴロ暗記《あんき》では、そんな状況《じょうきょう》をイメージしてみよう。

「わす（忘《ぼう》）」ではじまる歌《うた》は、この歌《うた》と、「わすらるる」ではじまる38番《ばん》の歌《うた》の２つある。だから、「わすれ」ときたら、「今日《きょう》を」と覚《おぼ》えればいいんだ。

「死《し》んじゃうくらい幸《しあわ》せ」って感《かん》じたこともあるよね。

滝《たき》の音《おと》は 絶《た》えて久《ひさ》しく なりぬれど

なこそなか
れてなほき
こえけれ

歌番号《うたばんごう》：55、出典《しゅってん》：千載集《せんざいしゅう》

訳《やく》

滝《たき》の水《みず》が枯《か》れ、水音《みずおと》もしなくなって長《なが》い年月《ねんげつ》が経《た》ちましたが、その名高《なだか》い評判《ひょうばん》は、今《いま》も世《よ》の中《なか》に流《なが》れ伝《つた》わり、うわさされています。

作者《さくしゃ》

大納言公任《だいなごんきんとう》（966～1041年《ねん》）
本名《ほんみょう》は藤原公任《ふじわらのきんとう》。和歌《わか》、漢詩《かんし》、管弦《かんげん》に秀《ひい》でており、多才《たさい》ぶりを表《あらわ》す「三船《さんせん》の才《さい》」と呼《よ》ばれた。

見事《みごと》な滝《たき》があったなあ

作者《さくしゃ》が京都《きょうと》の大覚寺《だいかくじ》を訪《おとず》れたときによんだ歌《うた》です。ここはもともと嵯峨天皇《さがてんのう》の宮殿《きゅうでん》で、広《ひろ》い庭《にわ》にはすばらしい人工《じんこう》の滝《たき》がありました。

ところが時《とき》が経《た》ち、作者《さくしゃ》が訪《おとず》れたときには、すでに滝《たき》の水《みず》が枯《か》れ果《は》てていたのです。作者《さくしゃ》は昔《むかし》の華《はな》やかだった宮殿《きゅうでん》に思《おも》いをめぐらし、もう滝《たき》の水《みず》は流《なが》れていないが、人々《ひとびと》の評判《ひょうばん》は「世間《せけん》を流《なが》れている」とたたえました。

第三句《だいさんく》から「なり」「なこそ」「ながれ」「なほ」と、「な」を重《かさ》ねた響《ひび》きが美《うつく》しく、流《なが》れるような優雅《ゆうが》さを醸《かも》し出《だ》しています。

名《な》こそ流《なが》れて なほ《お》聞《き》こえけれ

ゴロ暗記《あんき》 たきのなこそ

2字《じ》決《き》まり ★★

「さぁさぁみなさん、寄《よ》ってらっしゃい見《み》てらっしゃい！ 今回《こんかい》は、新《あたら》しくできた滝《たき》の名前《なまえ》を決《き》めるよ！」そんなかけ声《ごえ》ではじまったイベント。滝《たき》の名前《なまえ》の候補《こうほ》がいくつか発表《はっぴょう》されたあと、ついに決定《けってい》した滝《たき》の名前《なまえ》の発表《はっぴょう》です。ドコドコドコドコ……というドラムロールにつづいて、司会者《しかいしゃ》の声《こえ》が。

「選《えら》ばれた滝《たき》の名《な》こそ！」――そんなシーンはどうかな。

人々《ひとびと》の評判《ひょうばん》を水《みず》の流《なが》れにたとえたんだね。

あらざらむ《ん》 この世《よ》のほかの 思《おも》ひ出《いで》に

いまひとた
ひのあふこ
ともかな

歌番号《うたばんごう》：56、出典《しゅってん》：後拾遺和歌集《ごしゅういわかしゅう》

訳《やく》

私《わたし》はもうすぐこの世《よ》を去《さ》るでしょう。あの世《よ》への思《おも》い出《で》として、せめてもう一度《いちど》だけ、あなたにお会《あ》いしたいものです。

作者《さくしゃ》

和泉式部《いずみしきぶ》（976?年《とし》～?年《ねん》）
最初《さいしょ》の夫《おっと》は和泉守《いずみのかみ》 橘《たちばな》 道貞《みちさだ》。60番《ばん》の小式部内侍《こしきぶないし》の母《はは》。美人《びじん》で、多《おお》くの男性《だんせい》と恋愛《れんあい》をした。

死《し》ぬ前《まえ》にせめてもう一度《いちど》

病気《びょうき》で死期《しき》を悟《さと》った作者《さくしゃ》が、愛《あい》する男性《だんせい》に送《おく》った歌《うた》。

「あの世《よ》への思《おも》い出《で》として、もう一度《いちど》だけ会《あ》いたい」と、病気《びょうき》で苦《くる》しむなかであるにもかかわらず、激《はげ》しく燃《も》えるような恋心《こいごころ》を歌《うた》いました。

作者《さくしゃ》は最初《さいしょ》の夫《おっと》である橘《たちばな》 道貞《みちさだ》をはじめ、天皇《てんのう》の皇子《おうじ》など多《おお》くの人《ひと》と恋愛《れんあい》、結婚《けっこん》と、情熱的《じょうねつてき》な一生《いっしょう》を送《おく》った美《うつく》しい女性《じょせい》。そんな恋多《こいおお》き人生《じんせい》を象徴《しょうちょう》するような歌《うた》です。

「あらざらむ」とは「いなくなってしまう」、つまり死《し》んでしまうということ。「この世《よ》のほかの」は、この世《よ》ではない「あの世《よ》」のことです。

いまひとたびの逢《あ》ふこともがな

ゴロ暗記《あんき》 **あらざんねん、いまあうの？** 3字決《じき》まり ★★★

　このゴロ暗記《あんき》はかなり苦《くる》しい！　この本《ほん》のなかでいちばん苦《くる》しいゴロ合《あ》わせかも（笑）。

　こんな日常《にちじょう》の１コマをイメージしよう。アルバイトをしている人《ひと》が、休憩中《きゅうけいちゅう》にSNSをチェックすると、友《とも》だちから連絡《れんらく》が。「いま、近《ちか》くにいるから会《あ》えない？」だって。こっちは仕事中《しごとちゅう》だっちゅうの！　泣《な》く泣《な》くお断《こと》わりの返事《へんじ》を打《う》つ姿《すがた》が悲《かな》しいねぇ。

まるで少女《しょうじょ》マンガの世界《せかい》のような、ドラマチックな歌《うた》だ。

めぐり逢《あ》ひて 見《み》しやそれとも わかぬ間《ま》に

くもかくれ
にしよはの
つきかな

歌番号《うたばんごう》：57、出典《しゅってん》：新古今集《しんこきんしゅう》

訳《やく》

久《ひさ》しぶりに会《あ》ったのに、本当《ほんとう》にあなたかどうかもわからないうちに、まるで雲《くも》に隠《かく》れた真《ま》夜中《よなか》の月《つき》のように、帰《かえ》ってしまいました。

作者《さくしゃ》

紫式部《むらさきしきぶ》（970?～?年《ねん》）
藤原為時《ふじはらためとき》の妻《つま》で、一条天皇《いちじょうてんのう》の中宮彰子《ちゅうぐうしょうし》に仕《つか》えた。夫《おっと》の死後《しご》、「源氏物語《げんじものがたり》」を書《か》き始《はじ》めた。

幼友《おさなとも》だちとの久々《ひさびさ》の再会《さいかい》

この歌《うた》は作者《さくしゃ》がまだ若《わか》いころによんだ歌《うた》と言《い》われています。幼《おさな》なじみの女友《おんなとも》だちに、何年《なんねん》も経《た》って久《ひさ》しぶりに出会《であ》ったのにもかかわらず、ゆっくり話《はな》す間《ま》もなくあわただしく帰《かえ》ってしまったという名残惜《なごりお》しさを、月《つき》が雲《くも》に隠《かく》れてしまう様子《ようす》にたとえています。

作者《さくしゃ》は日本古典文学《にほんこてんぶんがく》の最高傑作《さいこうけっさく》といわれる「源氏物語《げんじものがたり》」を書《か》いた紫式部《むらさきしきぶ》。恋愛長編《れんあいちょうへん》ドラマを書《か》く作者《さくしゃ》だから、「めぐりあひて」と始《はじ》まるこの歌《うた》は、てっきり男女《だんじょ》の恋《れん》愛《あい》の歌《うた》かと思《おも》いきや、ここは新古今集《しんこきんしゅう》でのことば書《がき》から「久《ひさ》しぶりに会《あ》った友《とも》だち」のようです。

雲《くも》がくれにし 夜半《よわ》の月《つき》かな

ゴロ暗記《あんき》 メグちゃん雲隠《くもがく》れ

1字決《じき》まり ★

1字決《じき》まり、つまり「め」だけを聞《き》いて取《と》りにいける歌《うた》だ。

ゴロ暗記《あんき》では、メグちゃんという女《おんな》の子《こ》が、かくれんぼでじょうずにかくれてしまい、鬼《おに》がみつけられないというストーリーはどうだろう。

きっとメグちゃんは、忍者《にんじゃ》が使《つか》う「雲《くも》がくれの術《じゅつ》」を使《つか》ったに違《ちが》いないね。

月《つき》に雲《くも》がかかっている……、明日《あした》は雨《あめ》かな？

楽《たの》しい時間《じかん》は一瞬《いっしゅん》で過《す》ぎていくね

有馬山《ありまやま》 猪名《いな》の笹原《ささはら》 風吹《かぜふ》けば

いてそよひ
とをわすれ
やはする

歌番号《うたばんごう》：58、出典《しゅってん》：後拾遺集《ごしゅういしゅう》

訳《やく》

有馬山《ありまやま》に近《ちか》い猪名《いな》の笹原《ささはら》に風《かぜ》がふくと、笹《ささ》の葉《は》がそよそよと音《おと》をたてます。さあ、それですよ。あなたのことを私《わたし》は忘《わす》れたりしません。

作者《さくしゃ》

大弐三位《だいにのさんみ》（999?～?年《ねん》）

本名《ほんみょう》は藤原賢子《ふじはらけんし》。57番《ばん》の紫式部《むらさきしきぶ》の娘《むすめ》。母《はは》と同《おな》じく一条天皇《いちじょうてんのう》の中宮彰子《ちゅうぐうしょうし》に仕《つか》えた。

恋人《こいびと》の言《い》い訳《わけ》にピシャッ！

しばらく会《あ》いにこなかった恋人《こいびと》がやってきたと思《おも》ったら、作者《さくしゃ》への気持《きも》ちが冷《さ》めていることをごまかして、「あなたが心変《こころが》わりしていないか心配《しんぱい》だから」と、まるで作《さく》者《しゃ》のせいにするような言《い》い訳《わけ》をしてきました。

そこで「あなたのほうこそ、私《わたし》を忘《わす》れたのでは？　私《わたし》は忘《わす》れてません！」とピシャリと返《かえ》したのが、この歌《うた》です。

笹《ささ》の葉《は》の「そよそよ」という音《おと》を「そうよ、それですよ」という意味《いみ》の「いでそよ」という表現《ひょうげん》に重《かさ》ねています。上《かみ》の句《く》17字《じ》は「いでそよ人《ひと》を」の「そよ」を導《みちび》く序《じょ》詞《ことば》。巧《たく》みな技法《ぎほう》を使《つか》った恋《こい》の歌《うた》。さすが紫式部《むらさきしきぶ》の娘《むすめ》です。

いでそよ人《ひと》を忘《わす》れやはする

言《い》い訳《わけ》されると、よけいに腹《はら》が立《た》つよね

ゴロ暗記《あんき》

ありまぁいて～

3字《じ》決《き》まり ★★★

「有馬山《ありまやま》」は、神戸《こうべ》の奥《おく》にある温泉《おんせん》で有名《ゆうめい》な場所《ばしょ》だ。でもここでは、「ありまぁ」とコッテコテのお笑《わら》い芸人《げいにん》になったつもりでいこう。

道《みち》を歩《ある》いていたら、転《ころ》んでしまってひざ小僧《こぞう》を地面《じめん》にぶつけてしまった！　よく見《み》たら青《あお》あざができてしまって「ありまぁ！」というのはどうだろう？　みんなもちゃんと前《まえ》を見《み》て歩《ある》かないといけないよ。

いかにも強気《つよき》な女性《じょせい》って感《かん》じの歌《うた》だよね。

やすらは《わ》で 寝《ね》なましものを 小夜《さよ》ふけて

かたふくま
てのつきを
みしかな

歌番号《うたばんごう》：59、出典《しゅってん》：後拾遺集《ごしゅういしゅう》

訳《やく》

あなたが来《こ》ないことを知《し》ってたら、ためらわずに寝《ね》てしまったのに。あなたを待《ま》つうちに夜《よる》が更《ふ》けて、西《にし》に沈《しず》む月《つき》を見《み》てしまいました。

作者《さくしゃ》

赤染衛門《あかぞめえもん》（958?～1041?年《ねん》）

一条天皇《いちじょうてんのう》の中宮彰子《ちゅうぐうしょうし》に仕《つか》え、和泉式部《いずみしきぶ》との交流《こうりゅう》があった。「栄花物語《えいがものがたり》」の作者《さくしゃ》という説《せつ》もある。

寝《ね》ないで待《ま》っていたのに

この歌《うた》は、作者《さくしゃ》が妹《いもうと》の気持《きも》ちを本人《ほんにん》にかわってよんだといわれています。恋人《こいびと》から「今晩《こんばん》、あなたのところに行《い》くよ」と言《い》われた妹《いもうと》は夜通《よどお》し待《ま》っていたのに、結局《けっきょく》恋人《こいびと》は来《き》ませんでした。待《ま》ちぼうけをさせられた妹《いもうと》の心《こころ》を察《さっ》して、その悲《かな》しい気持《きも》ちを表現《ひょうげん》したのです。

「かたぶくまでの」は、「西《にし》の空《そら》に傾《かたむ》くほどの」の意味《いみ》で、そのような月《つき》が出《で》るのは、夜《よる》が明《あ》けるころのことです。「寝《ね》ないで待《ま》ってたら、夜《よる》が明《あ》けてしまった」には、恋人《こいびと》に対《たい》する恨《うら》みの気持《きも》ちも透《す》けて見《み》えます。この歌《うた》をよんだとき、作者《さくしゃ》は20歳《さい》くらいだったと言《い》われています。

かたぶくまでの月《つき》を見《み》しかな

ゴロ暗記《あんき》

安《やす》らぐ肩《かた》

2字《じ》決《き》まり ★★

きみのまわりに「肩《かた》がこったなぁ」と困《こま》っているおとなはいないかな？　えっ、お父《とう》さんがそうだって？　そんなときは、ぜひ肩《かた》をもんだりたたいたりしてあげよう。きっと喜《よろこ》んでくれるよ。

ここでは、肩《かた》をたたいている子《こ》どもと、たたいてもらって「極楽《ごくらく》じゃ〜」と安《やす》らいだ顔《かお》をしているお父《とう》さんをイメージしておこう。

妹思《いもうとおも》いのお姉《ねえ》さんだね。でもラブレターは自分《じぶん》で書こう！

大江山《おおえやま》 いく野《の》の道《みち》の 遠《とお》ければ

またふみも
みすあまの
はしたて

歌番号《うたばんごう》：60、出典《しゅってん》：金葉集《きんようしゅう》

訳《やく》

母《はは》のいる丹後《たんご》までは、大江山《おおえやま》を越《こ》えて生野《いくの》を通《とお》っていく道《みち》が遠《とお》いので、まだ天《あま》の橋立《はしだて》の地《ち》を踏《ふ》んだこともなく、母《はは》からの手紙《てがみ》も見《み》ていません。

作者《さくしゃ》

小式部内侍《こしきぶのないし》（1000?～1025?年《ねん》）
56番《ばん》の和泉式部《いずみしきぶ》の娘《むすめ》。母《はは》とともに中宮彰子《ちゅうぐうしょうし》に仕《つか》えたが26歳《さい》の若《わか》さで病死《びょうし》した。

母《はは》の代作《だいさく》ではありません！

母《はは》の和泉式部《いずみしきぶ》に似《に》て美《うつく》しく、和歌《わか》にも秀《ひい》でていた作《さく》者《しゃ》。しかしあまりに和歌《わか》がうますぎて、周囲《しゅうい》から「母親《ははおや》が代作《だいさく》しているのでは？」と疑《うたが》われていました。歌合《うたあわせ》を控《ひか》えたある日《ひ》、64番《ばん》の藤原定頼《ふじわらのさだより》がやってきて「丹後《たんご》にいるお母《かあ》さんからの歌《うた》は届《とど》きましたか？」とからかいました。そこで、即興《そっきょう》でよんだのがこの歌《うた》です。

「生野《いくの》」と「行《い》く」、「ふみ（手紙《てがみ》）」と「踏《ふ》み」の掛詞《かけことば》や、「大江山《おおえやま》」「生野《いくの》」「天橋立《あまのはしだて》」の歌枕《うたまくら》など、和歌《わか》のテクニックがたくさん詰《つ》め込《こ》まれた見事《みごと》な歌《うた》。その場《ば》でこの歌《うた》をよんだ作者《さくしゃ》は、その実力《じつりょく》が証明《しょうめい》されました。

まだふみもみず　天《あま》の橋立《はしだて》

ゴロ暗記《あんき》　大江《おおえ》くん、またふみもみもみ　3字決《じき》まり ★★★

「大江山《おおえやま》」は、京都《きょうと》の北《きた》にある山《やま》の名前《なまえ》。鬼退治《おにたいじ》の伝説《でんせつ》が残《のこ》るところだよ。でもここでは、山《やま》の名前《なまえ》ではなく人《ひと》の名前《なまえ》だと考《かんが》えてね。

下《しも》の句《く》の「まだふみもみず」は、大胆《だいたん》に「またふみもみもみ」と変《か》えてゴロ暗記《あんき》しよう。大江《おおえ》くんが友《とも》だちとふざけてまたをふんでモミモミ……、そんなシーンを思《おも》い浮《う》かべてみよう。

地名《ちめい》や名所《めいしょ》がたくさん登場《とうじょう》する歌《うた》だね。

二世《にせい》タレントの大変《たいへん》さがわかるね

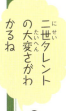

いにしへ《え》の奈良《なら》の都《みやこ》の八重桜《やえざくら》

けふここの
へににほひ
ぬるかな

歌番号《うたばんごう》：61、出典《しゅってん》：詞花集《しかしゅう》

訳《やく》

かつて栄《さか》えた奈良《なら》の都《みやこ》の八重桜《やえざくら》が、今日《きょう》は九《ここの》重《え》の宮中《きゅうちゅう》で、いつにも増《ま》して一段《いちだん》と美《うつく》しく咲《さ》きほこっていますよ。

作者《さくしゃ》

伊勢大輔《いせのたいふ》（生没年不明《せいぼつねんふめい》）
伊勢神宮《いせじんぐう》の長官《ちょうかん》、大中臣輔親《おおなかとみすけちか》の娘《むすめ》。57番《ばん》の紫式部《むらさきしきぶ》らとともに中宮彰子《ちゅうぐうしょうし》に仕《つか》えた。

優《すぐ》れた技法《ぎほう》を取《と》り入《い》れて

京都《きょうと》では珍《めずら》しい八重桜《やえざくら》が、ある日《ひ》、奈良《なら》から一条天皇《いちじょうてんのう》に献上《けんじょう》されました。当初《とうしょ》、紫式部《むらさきしきぶ》がその受《う》け取《と》り役《やく》でしたが、その大役《たいやく》を作者《さくしゃ》に譲《ゆず》ったのです。贈《おく》り物《もの》を受《う》け取《と》るときは歌《うた》をよまなくてはいけません。天皇《てんのう》や中宮《ちゅうぐう》、権力者《けんりょくしゃ》の藤原道長《ふじわらのみちなが》など、多《おお》くの人《ひと》が見守《みまも》るなか、作者《さくしゃ》はこの歌《うた》をよみました。さぞかし緊張《きんちょう》したことでしょう。

この歌《うた》は「いにしへ（昔《むかし》）」と「けふ（今日《きょう》）」や、「八重《やえ》」と「九重《ここのえ》」といった対《つい》となる言葉《ことば》が使《つか》われるなど、技巧《ぎこう》を凝《こ》らしたもの。とっさによんだ歌《うた》とは思《おも》えないほどすばらしい出来《でき》に、作者《さくしゃ》の評価《ひょうか》も上《あ》がりました。

けふ《きょう》九重《ここのえ》に にほ《お》ひ《い》ぬるかな

みんなの家《いえ》の近所《きんじょ》にも桜《さくら》の名所《めいしょ》があるかな

ゴロ暗記《あんき》 いにしえの今日子《きょうこ》

2字《じ》決《き》まり ★★

テレビに、あまり見《み》かけない女優《じょゆう》さんが登場《とうじょう》。それを観《み》たおかあさんが「この人《ひと》、今日子《きょうこ》といってとっても有名《ゆうめい》なアイドルだったのよ～」だって。

本当《ほんとう》は、「いにしえ」はもっとずっと昔《むかし》という意味《いみ》なんだけど、ここでは「ちょっと前《まえ》」くらいの意味《いみ》で使《つか》っているよ。だからといって、お母《かあ》さんの若《わか》いころのことを「いにしえ」なんていったら怒《おこ》られるから注意《ちゅうい》だ。

八重桜《やえざくら》はサクラの一種《いっしゅ》で、花《はな》びらの数《かず》が多《おお》いんだ。

夜《よ》をこめて 鳥《とり》の空音《そらね》は はかるとも

よにあふさ
かのせきは
ゆるさし

歌番号《うたばんごう》：62、出典《しゅってん》：後拾遺集《ごしゅういしゅう》

訳《やく》

夜《よる》が明《あ》けないのに、にわとりが鳴《な》くまねをして私《わたし》をだまそうとしても、函谷関《かんこくかん》ならともかく、私《わたし》の逢坂《おうさか》の関《せき》は開《ひら》きませんからね。

作者《さくしゃ》

清少納言《せいしょうなごん》（966?～1027年《ねん》）

清原元輔《きよはらのもとすけ》の娘《むすめ》。「枕草子《まくらのそうし》」の作者《さくしゃ》。一条天皇《いちじょうてんのう》の中《ちゅう》宮定子《ぐうていし》に仕《つか》えた。

清少納言《せいしょうなごん》の知性《ちせい》あふれた歌《うた》

「春《はる》はあけぼの」で始《はじ》まる、日本三大随筆《にほんさんだいずいひつ》の一《ひと》つ「枕草子《まくらのそうし》」の作者《さくしゃ》、清少納言《せいしょうなごん》がよんだ歌《うた》です。

中国《ちゅうごく》の故事《こじ》に「朝《あさ》まで開《ひら》かない関所《せきしょ》を、にわとりの鳴《な》きまねでだまして門《もん》を開《あ》けさせた」という話《はなし》があります。この話《はなし》を知《し》っていた作者《さくしゃ》は、昨夜早《さくやはや》く帰《かえ》ってしまった藤原行成《ふじわらのゆきなり》の言《い》い訳《わけ》に対《たい》して、この話《はなし》を引《ひ》きあいにして歌《うた》を返《かえ》しました。

当時《とうじ》、中国文学《ちゅうごくぶんがく》を学《まな》ぶのは男性《だんせい》でした。女性《じょせい》でも豊《ゆた》かな漢文《かんぶん》の教養《きょうよう》のある作者《さくしゃ》は、藤原行成《ふじわらのゆきなり》と知的《ちてき》な言葉遊《ことばあそ》び合戦《がっせん》をしたのです。

よに逢坂《おうさか》の　関《せき》はゆるさじ

ゴロ暗記《あんき》　ヨーコ用《よう》に大阪《おおさか》！　2字決《じき》まり　★★

上《かみ》の句《く》の「夜《よ》をこ」と、下《しも》の句《く》の「よに」とを合《あ》わせて「ヨーコ用《よう》に」とゴロ暗記《あんき》を作《つく》ってみた。ちょっと無茶《むちゃ》だったかな？

こんなストーリーを考《かんが》えてみよう。大阪《おおさか》に行《い》ってきた人《ひと》が、友《とも》だちのヨーコ用《よう》に大阪《おおさか》みやげを買《か》ってきた。じつはヨーコは大《だい》の大阪好《おおさかず》きで、おみやげを楽《たの》しみにしてたんだ。

作者《さくしゃ》は、かの有名《ゆうめい》な清少納言《せいしょうなごん》だ。

ニワトリの鳴《な》き声《ごえ》で目《め》を覚《さ》ましたことがあるかな

今《いま》はただ 思《おも》ひ絶《た》えなむ《ん》 とばかりを

ひとつてな
らていふよ
しもかな

歌番号《うたばんごう》：63、出典《しゅってん》：後拾遺集《ごしゅういしゅう》

訳《やく》

今《いま》となってはただ、あなたへの思《おも》いを断《た》ち切《き》ろうという一言《ひとこと》を、人《ひと》づてではなく、直接《ちょくせつ》会《あ》って言《い》いたいのです。

作者《さくしゃ》

左京大夫道雅《さきょうのだいぶみちまさ》（992〜1054年《ねん》）
本名《ほんみょう》は藤原道雅《ふじわらのみちまさ》。54番《ばん》の儀同三司《ぎどうさんし》の母《はは》の孫《まご》。父《ちち》の没落《ぼつらく》により出世《しゅっせ》に恵《めぐ》まれなかった。

直接《ちょくせつ》会《あ》って別《わか》れの言葉《ことば》を

禁《きん》じられた恋《こい》をした作者《さくしゃ》の悲《かな》しみの歌《うた》です。作者《さくしゃ》は天《てん》皇《のう》の皇女《こうじょ》である当子内親王《とうしないしんのう》に恋《こい》をしていました。当子《とうし》は伊勢神宮《いせじんぐう》で神《かみ》に仕《つか》える役目《やくめ》を終《お》えたばかり。父《ちち》の三条院《さんじょういん》は二人《ふたり》が恋愛関係《れんあいかんけい》にあることを怒《おこ》り、仲《なか》を引《ひ》き裂《さ》いてしまったのです。そのときによんだのがこの歌《うた》です。「別《わか》れのあいさつという理由《りゆう》でいいから、一目《ひとめ》だけでも会《あ》いたい」という、せつない思《おも》いにあふれています。

その後当子《ごとうし》は出家《しゅっけ》して、若《わか》くして亡《な》くなりました。また作者《さくしゃ》もこの事件《じけん》のあと、出世《しゅっせ》の道《みち》を絶《た》たれてしまい、すさんだ生活《せいかつ》を送《おく》ったといいます。

人《ひと》づてならで 言《い》ふ《う》よしもがな

ゴロ暗記《あんき》 今《いま》は人《ひと》づて | 3字《じ》決まり ★★★

好《す》きな人《ひと》にラブレターを渡《わた》すとき、直接《ちょくせつ》だとあまりにも恥《は》ずかしいから友《とも》だちに頼《たの》む――そんなことって、よくありそうだ。

相手《あいて》と話《はな》したこともないのに、ラブレターを渡《わた》して勝手《かって》にもりあがったことはないかな？　あとでよく考《かんが》えたら、これほど恥《は》ずかしいことはないのに、そのときはなんとも思《おも》わないもの。恋《こい》って罪《つみ》だね！

「一目《ひとめ》でいいから会《あ》いたい」……せつないねぇ。

朝《あさ》ぼらけ 宇《う》治《じ》の川《かわ》霧《ぎり》 たえだえに

あらはれわ
たるせせの
あしろき

歌番号《うたばんごう》：64、出典《しゅってん》：千載集《せんざいしゅう》

訳《やく》

ほんのりと夜《よる》が明《あ》け、宇治川《うじかわ》に立《た》ち込《こ》めていた霧《きり》がとぎれとぎれになり、あちこちの浅瀬《あさせ》から、次々《つぎつぎ》に網代木《あじろぎ》が現《あらわ》れてきました。

作者《さくしゃ》

権中納言定頼《ごんちゅうなごんさだより》（995~1045年《ねん》）
本名《ほんみょう》は藤原定頼《ふじわらのさだより》。60番《ばん》の小式部内侍《こしきぶのないし》の歌《うた》に関係《かんけい》した。和歌《わか》、書道《しょどう》、管弦《かんげん》に優《すぐ》れていた。

冬《ふゆ》の早朝《そうちょう》、宇治川《うじがわ》にて

平安時代《へいあんじだい》、宇治《うじ》は貴族《きぞく》の別荘《べっそう》がたくさんある、静《しず》かで美《うつく》しい場所《ばしょ》でした。作者《さくしゃ》が冬《ふゆ》に宇治《うじ》に行《い》ったときによんだのがこの歌《うた》です。夜《よる》がほのぼのと明《あ》けるころ、宇治川《うじがわ》に立《た》ち込《こ》めていた霧《きり》がしだいに晴《は》れて、その絶《た》え間《ま》から網代木《あじろぎ》が次々《つぎつぎ》と姿《すがた》を現《あらわ》します。網代《あじろ》とはあゆの稚魚《ちぎょ》をとるためのしかけで、網代木《あじろぎ》はそれを固定《こてい》する杭《くい》のことです。宇治川《うじがわ》にたくさんの網代《あじろ》がしかけられた様子《ようす》は、冬《ふゆ》の風物詩《ふうぶつし》でもあったのです。寒《さむ》い冬《ふゆ》の早朝《そうちょう》の幻想的《げんそうてき》な風景《ふうけい》が目《め》に浮《う》かびます。

「瀬々《せぜ》の」というのは「浅瀬《あさせ》のあちこちに」の意味《いみ》です。

あらは《わ》れわたる 瀬々《せぜ》の網代木《あじろぎ》

ゴロ暗記《あんき》 朝《あさ》ぼらけウジあらわれ | 6字《じ》決《き》まり ★★★★★★

「宇治《うじ》」は京都《きょうと》にある地名《ちめい》だけど、ここではハエの幼虫《ようちゅう》のウジ虫《むし》だということにしよう。気持《きも》ち悪《わる》い人《ひと》もいるかもしれないけれど、ゴロ暗記《あんき》のためにガマンしよう。

朝《あさ》、起《お》きてみたら、まくらもとにウジ虫《むし》がっ！　きっと飛《と》び起《お》きちゃうよね！　でも本当《ほんとう》ならそんなことはめったにないから、おかしだったということにしておこうね。でも寝《ね》る前《まえ》におかしは禁物《きんもつ》だ。

湖《みずうみ》や川《かわ》では、早朝《そうちょう》に霧《きり》が出《で》ることがあるよ。

恨《うら》みわび　ほさぬ袖《そで》だに　あるものを

こひにくち
なむなこそ
をしけれ

歌番号《うたばんごう》：65、出典《しゅってん》：後拾遺集《ごしゅういしゅう》

訳《やく》

あなたを恨《うら》み、涙《なみだ》を乾《かわ》かす間《ま》もない袖《そで》が朽《く》ちてしまうことさえ惜《お》しいのに、恋《こい》のうわさのために私《わたし》の評判《ひょうばん》まで落《お》ちるのもくやしい。

作者《さくしゃ》

相模《さがみ》（998?～1086?年《ねん》）
相模守《さがみのかみ》の大江公資《おおえのきんすけ》と結婚《けっこん》したためこう呼《よ》ばれた。その後離婚《ごりこん》して、多《おお》くの男性《だんせい》と恋愛《れんあい》をした。

私《わたし》の評判《ひょうばん》を落《お》とさないで

冷《つめ》たい態度《たいど》に変《か》わった恋人《こいびと》に対《たい》する恨《うら》みを表現《ひょうげん》した歌《うた》です。作者《さくしゃ》が50歳《さい》を過《す》ぎてからの歌《うた》ですが、恋愛経験《れんあいけいけん》の豊富《ほうふ》な人生《じんせい》を振《ふ》り返《かえ》り、歌合《うたあわせ》の席《せき》でよんだと言《い》われています。恋人《こいびと》にふられた辛《つら》さと、その恋《こい》のせいで自分《じぶん》の評《ひょう》判《ばん》まで落《お》ちることがくやしいと言《い》っています。悲《かな》しみだけではない、いろいろな恋《こい》の感情《かんじょう》が織《お》り交《ま》ざっている様《よう》子《す》が想像《そうぞう》できます。

「恨《うら》みわび」の「恨《うら》み」は相手《あいて》の冷《つめ》たい態度《たいど》を恨《うら》むこと、「わび」は自分《じぶん》の不幸《ふこう》を嘆《なげ》き悲《かな》しむこと。だから涙《なみだ》で濡《ぬ》れた袖《そで》が乾《かわ》く間《ま》もないほどなのです。

恋《こい》に朽《く》ちなむ　名《な》こそ惜《お》しけれ

ゴロ暗記《あんき》　裏《うら》メニューは濃《こ》い口《くち》　2字《じ》決まり★★

「裏《うら》メニュー」ってわかる？　レストランや飲《の》み屋《や》さんで、いつも利用《りよう》しているお客《きゃく》さん（「常連《じょうれん》さん」というよ）が、「いつもの」とか、なにかよくわからない暗号《あんごう》のような言葉《ことば》をいって、注文《ちゅうもん》することがあるんだ。それが裏《うら》メニューで、かんたんにいうと「メニューにのっていないメニュー」ということだ。

みんなも行《い》きつけのお店《みせ》をつくったら、試《ため》してみよう！

ふられるつらさは、50歳《さい》をすぎてもわすれられないんだね。

もろともに あは《わ》れと思《おも》へ《え》 山桜《やまざくら》

はなよりほ
かにしるひ
ともなし

歌番号《うたばんごう》：66、出典《しゅってん》：金葉集《きんようしゅう》

訳《やく》

山桜《やまざくら》よ。私《わたし》がお前《まえ》をなつかしく思《おも》うように、お前《まえ》も私《わたし》をなつかしく思《おも》っておくれ。お前以《まえい》外《がい》に私《わたし》の心《こころ》を知《し》る人《ひと》もいないのだから。

作者《さくしゃ》

前大僧正行尊《さきのだいそうじょうぎょうそん》（1055〜1135年《ねん》）
三条天皇《さんじょうてんのう》のひ孫《まご》。12歳《さい》で出家《しゅっけ》し、白河天皇《しらかわてんのう》や鳥羽《とば》天皇《てんのう》などに僧《そう》として仕《つか》えた。

山《やま》で修行中《しゅぎょうちゅう》の孤独《こどく》

12歳《さい》という若《わか》さで出家《しゅっけ》した作者《さくしゃ》が、奈良県《ならけん》にある大峰《おおみね》山《さん》で修行《しゅぎょう》をしているときによんだ歌《うた》です。大峰山《おおみねさん》は厳《きび》しい修行《しゅぎょう》をすることで有名《ゆうめい》なところ。人里離《ひとざとはな》れてひっそりとした山奥《やまおく》で一人《ひとり》で修行《しゅぎょう》するのは、あまりにも厳《きび》しく孤《こ》独《どく》なことです。ふと出合《であ》った山桜《やまざくら》の、人《ひと》に知《し》られずにけなげに咲《さ》いている姿《すがた》に感動《かんどう》し、同《おな》じような境遇《きょうぐう》の自分《じぶん》を重《かさ》ね合《あ》わせたのでしょう。「あはれ」は「しみじみとなつかしく思《おも》う気持《きも》ち」で和歌《わか》によく出《で》てくる言葉《ことば》です。

山桜《やまざくら》を人《ひと》に見立《みた》てて呼《よ》びかけているのも、作者《さくしゃ》の孤独《こどく》な気持《きも》ちを物語《ものがた》っているようです。

花《はな》よりほかに 知《し》る人《ひと》もなし

12歳《さい》でお坊《ぼう》さんになるなんてすごいね

ゴロ暗記《あんき》 もろ鼻汁《はなじる》

2字決《じき》まり ★★

学校《がっこう》で授業《じゅぎょう》を受《う》けていると、うしろの席《せき》の子《こ》がくしゃみを連発《れんぱつ》。まぁくしゃみ自体《じたい》はしかたないけど、できたら手《て》で口《くち》をふさいでからしてほしいよね。

……とか思《おも》っていたら、うしろの席《せき》の子《こ》がさわぎだした。えっ、なんだって？　くしゃみのときに鼻水《はなみず》が出《で》てしまい、背中《せなか》まで飛《と》んでしまったって!?　ジョーダンじゃないよ、まったく！

山《やま》のなかでひっそり咲《さ》いている花《はな》ってきれいだよ。

春《はる》の夜《よ》の 夢《ゆめ》ばかりなる 手枕《たまくら》に

かひなくた
たむなこそ
をしけれ

歌番号《うたばんごう》：67、出典《しゅってん》：千載集《せんざいしゅう》

訳《やく》

春《はる》の夢《ゆめ》のように短《みじか》い時間《じかん》でも、あなたの腕枕《うでまくら》を借《か》りてしまったためにつまらないうわさが立《た》ったら、なんとも残念《ざんねん》です。

作者《さくしゃ》

周防内侍《すおうのないし》（生没年不明《せいぼつねんふめい》）

父《ちち》が周防守《すおうのかみ》だったことから、周防内侍《すおうのないし》と呼《よ》ばれる。四代《よんだい》にわたる天皇《てんのう》に仕《つか》えた。

あなたの腕枕《うでまくら》、結構《けっこう》です

春《はる》の夜《よる》、作者《さくしゃ》はほかの女房《にょうぼう》たちとおしゃべりをしていました。当時《とうじ》は広《ひろ》い空間《くうかん》を御簾《みす》（すだれ）で仕切《しき》って使《つか》うというスタイルです。作者《さくしゃ》が眠《ねむ》くなって「枕《まくら》がほしい」とつぶやくと、御簾《みす》の下《した》から、「どうぞ腕枕《うでまくら》にしてください」と男性《だんせい》が腕《うで》を差《さ》し出《だ》しました。その返事《へんじ》としてよんだのがこの歌《うた》です。

「腕枕《うでまくら》を借《か》りる」ということは、いっしょに寝《ね》るということ。作者《さくしゃ》は機転《きてん》をきかして「腕枕《うでまくら》をかりたばかりに、つまらないうわさが立《た》ったらイヤなので、お断《ことわ》りします」と冗談《じょうだん》めかしながらも、男性《だんせい》を軽《かる》くかわしたのです。

かひ《い》なく立《た》たむ《ん》名《な》こそ惜《お》しけれ

ゴロ暗記《あんき》 貼《は》るのかい？

3字《じ》決《き》まり ★★★

「春《はる》」ではじまる歌《うた》は２番《ばん》の「春過《はるす》ぎて…」とこの歌《うた》だけなんだ。もっとありそうな気《き》もするけど、意外《いがい》と少《すく》ないね。だから、「はるの」ときたら、「かひ（い）」とゴロ暗記《あんき》しよう。

教室《きょうしつ》の廊下《ろうか》やうしろに掲示物《けいじぶつ》をはるとき、画《が》びょうではったほうがいいか、それともテープを使《つか》ったほうがいいか、迷《まよ》っているクラスメートを思《おも》い浮《う》かべよう。

春《はる》はうとうとと眠《ねむ》くなるね。

心《こころ》にも　あらでうき世《よ》に　ながらへ《え》ば

こひしかる
へきよはの
つきかな

歌番号《うたばんごう》：68、出典《しゅってん》：後拾遺集《ごしゅういしゅう》

訳《やく》

心《こころ》ならずも辛《つら》いこの世《よ》に生《い》き長《なが》らえてしまったなら、恋《こい》しく思《おも》いだされるのであろう。この美《うつく》しい夜中《よなか》の月《つき》を。

作者《さくしゃ》

三条院《さんじょういん》（976～1017年《ねん》）
冷泉天皇《れいぜいてんのう》の皇子《おうじ》。36歳《さい》で第《だい》67代天皇《だいてんのう》になったが、わずか5年《ねん》で天皇《てんのう》の地位《ちい》を退《しりぞ》いた。

せめて目《め》が見《み》えるうちに…

作者《さくしゃ》が天皇《てんのう》であった5年間《ねんかん》は、不幸《ふこう》の連続《れんぞく》でした。宮中《きゅうちゅう》が2回《かい》も火事《かじ》にあい、自分《じぶん》の目《め》の病気《びょうき》はますます悪《わる》くなって失明寸前《しつめいすんぜん》。さらに時《とき》の権力者《けんりょくしゃ》である藤原道長《ふじわらのみちなが》が「早《はや》く天皇《てんのう》の位《くらい》を自分《じぶん》の孫《まご》に譲《ゆず》ってほしい」と迫《せま》っていたのです。そうすれば、自分《じぶん》が権力《けんりょく》を握《にぎ》れるからです。

ついに天皇《てんのう》の位《くらい》を譲《ゆず》ることを決心《けっしん》した作者《さくしゃ》は、ふと夜空《よぞら》を見上《みあ》げると月《つき》が見《み》えました。「目《め》が見《み》えるうちに、この美《うつく》しい月《つき》を脳裏《のうり》に焼《や》きつけておこう」と考《かんが》えたのかもしれません。「もし生《い》き長《なが》らえたら……」と歌《うた》った作《さく》者《しゃ》でしたが、退位《たいい》した翌年《よくとし》に亡《な》くなってしまいました。

恋《こい》しかるべき 夜半《よわ》の月《つき》かな

ゴロ暗記《あんき》 心《こころ》に恋《こい》、しかる

4字決《じき》まり ★★★★

たとえば学校《がっこう》の授業《じゅぎょう》などで、ちょっとボーっとしちゃうことってあるよね。とくに意味《いみ》もなく、とか眠《ねむ》かった、とか理由《りゆう》はいろいろあるだろう。

もしかしたら、恋《こい》をしてしまい、先生《せんせい》の言《い》っていることが身《み》に入《はい》らないという場合《ばあい》もあるかもしれない。そんなとき、親《おや》や先生《せんせい》に「恋《こい》が心《こころ》を占《し》めているぞ！」としかられたりして！

「恋《こい》しかるべき」とあるけど、恋愛《れんあい》の歌《うた》ではないんだね。

嵐《あらし》吹《ふ》く 三室《みむろ》の山《やま》の もみぢ《じ》葉《ば》は

たつたのか
はのにしき
なりけり

歌番号《うたばんごう》：69、出典《しゅってん》：後拾遺集《ごしゅういしゅう》

訳《やく》

激《はげ》しい風《かぜ》が吹《ふ》き散《ち》らした三室《みむろ》の山《やま》のもみじの葉《は》が、龍田川《たつたがわ》の水面《すいめん》を覆《おお》いつくして、まるで錦織《にしきおり》のような美《うつく》しい風景《ふうけい》です。

作者《さくしゃ》

能因法師《のういんほうし》（988〜?年《ねん》）
26歳《さい》ごろに出家《しゅっけ》。全国《ぜんこく》を旅《たび》して多《おお》くの歌《うた》をよんだ。歌枕《うたまくら》を研究《けんきゅう》して「能因歌枕《のういんうたまくら》」を書《か》いた。

三室《みむろ》の山《やま》と龍田《たつた》の川《かわ》

宮中《きゅうちゅう》で久《ひさ》しぶりに行《おこな》われた歌合《うたあわせ》でよまれた歌《うた》です。

三室山《みむろやま》と龍田川《たつたがわ》は少《すこ》し離《はな》れた距離《きょり》にあるので、本当《ほんとう》に三室山《みむろやま》の紅葉《こうよう》が龍田川《たつたがわ》を埋《う》め尽《つ》くすことはありません。ですが、作者《さくしゃ》がイメージをふくらませて、この山《やま》と川《かわ》の二《ふた》つの紅葉《こうよう》の名所《めいしょ》を一《ひと》つの風景《ふうけい》にしてよんだのです。

龍田川《たつたがわ》といえば17番《ばん》の在原業平《ありわらのなりひら》の歌《うた》にも出《で》てきましたが、奈良県生駒郡《ならけんいこまぐん》にある紅葉《こうよう》の名所《めいしょ》。古《ふる》くから歌《うた》によまれる土地《とち》や名所《めいしょ》のことを「歌枕《うたまくら》」と言《い》いますが、この歌《うた》は「三室山《みむろやま》」と「龍田川《たつたがわ》」の２つの歌枕《うたまくら》が使《つか》われています。歌枕《うたまくら》の研究《けんきゅう》に没頭《ぼっとう》した作者《さくしゃ》らしい歌《うた》です。

龍田《たつた》の川《かわ》の 錦《にしき》なりけり

紅葉《こうよう》を見《み》に行《い》くことを「紅葉狩《もみじが》り」と言《い》うよ

ゴロ暗記《あんき》 嵐立《あらした》った

3字決《じき》まり ★★★

だれもが知《し》っている人気《にんき》アイドルグループのコンサートにやってきたよ。いよいよ開演時間《かいえんじかん》、暗《くら》いステージには、ひざまづいてうずくまるメンバーたち。コンサートはいつはじまるの？　と会場《かいじょう》のボルテージが高《たか》まった瞬間《しゅんかん》、ノリノリのダンスナンバーと同時《どうじ》に、メンバーたちが立《た》ち上《あ》がりコンサートがスタート！　そんな状況《じょうきょう》をイメージしてみよう。

紅葉《こうよう》の名所《めいしょ》を２つくっつけた歌《うた》なんだね。

さびしさに 宿《やど》を立《た》ち出《い》でて ながむれば

いつこもお
なしあきの
ゆふくれ

歌番号《うたばんごう》：70、出典《しゅってん》：後拾遺集《ごしゅういしゅう》

訳《やく》

あまりのさびしさに、住《す》まいを出《で》てあたりを眺《なが》めてみると、どこもかしこもさびしい秋《あき》の夕暮《ゆうぐ》れです。

作者《さくしゃ》

良暹法師《りょうぜんほうし》（生没年不明《せいぼつねんふめい》）

比叡山延暦寺《ひえいざんえんりゃくじ》の僧《そう》。歌《うた》の才能《さいのう》を認《みと》められ、上流階級《じょうりゅうかいきゅう》の歌会《うたかい》にもしばしば招《まね》かれた。

秋《あき》はどこもさびしいなあ

比叡山《ひえいざん》で修行《しゅぎょう》をしていた作者《さくしゃ》が、山《やま》を下《お》りて京都《きょうと》の大原《おおはら》に移《うつ》り住《す》んだときに歌《うた》ったものです。人《ひと》けの少《すく》ない山里《やまざと》の静《しず》かな場所《ばしょ》に庵《いおり》をたてて、ひっそりと暮《く》らしていた作者《さくしゃ》ですが、だれもいない家《いえ》に一人《ひとり》でいるとどうしてもさびしくなってしまうのでしょう。とくに秋《あき》は周囲《しゅうい》のすべてがさびしく見《み》える季節《きせつ》です。

秋《あき》は冬《ふゆ》に向《む》かう季節《きせつ》。夕暮《ゆうぐ》れは夜《よる》に向《む》かう時《とき》。「秋《あき》の夕暮《ゆうぐ》れ」はもの悲《かな》しさがいっそう強《つよ》く心《こころ》に響《ひび》きます。そしてこの歌《うた》が「秋《あき》の夕暮《ゆうぐ》れはさびしいもの」という印象《いんしょう》を定着《ていちゃく》させたと言《い》われています。

いづ《ず》こも同《おな》じ　秋《あき》の夕暮《ゆうぐ》れ

ゴロ暗記《あんき》　**サイ一個《いっこ》**　1字《じ》決《き》まり ★

　このゴロ暗記《あんき》はちょっとややこしい。「一個《いっこ》」は下《しも》の句《く》の「いづこ」のことだけど、「サイ」は、上《かみ》の句《く》の一《いち》番《ばん》はじめの「さ」と下《しも》の句《く》の最初《さいしょ》の「い」を合《あ》わせたんだ。この歌《うた》は一字決《いちじき》まりだから、「さ」ときたら、すぐに「い」（いづこ）をイメージできないと、すぐに相手《あいて》に取《と》られてしまうだろう。だから「サイ」と覚《おぼ》えよう。
　実際《じっさい》には、サイは「一頭《いっとう》、二頭《にとう》」と数《かぞ》えるけどね！

秋《あき》の夕暮《ゆうぐ》れは、なぜかさびしく感《かん》じるものだよね。

夕《ゆう》されば 門田《かどた》の稲葉《いなば》 おとづ《ず》れて

あしのまろ
やにあきか
せそふく

歌番号《うたばんごう》：71、出典《しゅってん》：金葉集《きんようしゅう》

訳《やく》

夕方《ゆうがた》になると、家《いえ》の前《まえ》の田《た》んぼの稲《いね》の葉《は》がさわさわと音《おと》をたてます。この葦《あし》ぶきの小屋《こや》にも、さわやかな秋風《あきかぜ》が吹《ふ》いてきました。

作者《さくしゃ》

大納言経信《だいなごんつねのぶ》（1016～1097年《ねん》）

本名《ほんみょう》は源経信《みなもとのつねのぶ》。和歌《わか》、漢詩《かんし》、管弦《かんげん》に優《すぐ》れ、55番《ばん》の藤原公任《ふじわらのきんとう》とともに「三船《さんせん》の才《さい》」と呼《よ》ばれた。

素直《すなお》に風景《ふうけい》を描写《びょうしゃ》した歌《うた》

引《ひ》き続《つづ》き「秋《あき》」の歌《うた》です。70番《ばん》は「秋《あき》の物悲《ものがな》しさ」を歌《うた》ったものですが、こちらは「秋《あき》のさわやかな心地《ここち》よさ」が感《かん》じられます。収穫《しゅうかく》を迎《むか》えるころ、田《た》んぼに吹《ふ》く秋風《あきかぜ》が稲穂《いなほ》をそよそよとなびかせるのを見《み》て、風《かぜ》の音《おと》を聞《き》き、肌《はだ》に風《かぜ》を感《かん》じるというように、五感《ごかん》を使《つか》って秋《あき》を実感《じっかん》している様子《ようす》が伝《つた》わってきます。

この歌《うた》のように、作者《さくしゃ》の思《おも》いや感情《かんじょう》を入《い》れずに、自然《しぜん》の風景《ふうけい》をありのままによんだものを「叙景歌《じょけいか》」といいます。男女《だんじょ》の恋《こい》や人生《じんせい》に対《たい》する思《おも》いをよんだ歌《うた》とは違《ちが》った新鮮《しんせん》さ、軽快《けいかい》さを感《かん》じさせます。

葦《あし》のまろ屋《や》に 秋風《あきかぜ》ぞ吹《ふ》く

ゴロ暗記《あんき》 **結《ゆ》う足《あし》**

2字《じ》決《き》まり ★★

「ゆ」で始《はじ》まる歌《うた》は、この71番《ばん》と46番《ばん》（ゆらのとを…）だけ。「ら」と「ふ（う）」は比較的《ひかくてき》聞《き》き取《と》りやすいので、「ゆう」ときたらすぐ「あし」と反応《はんのう》しよう！
「ゆうあし」→「結《ゆ》う足《あし》」→「足《あし》をひもで結《ゆ》ったふたりが二人三脚《ににんさんきゃく》で走《はし》る」というイメージはどうかな？　そして案《あん》の定《じょう》ころんでしまい、そこに秋風《あきかぜ》がピュ～。そういえばこの歌《うた》も運動会《うんどうかい》も、シーズンは秋《あき》だね。

風《かぜ》で稲穂《いなほ》がキラキラとそよぐようすは、日本《にほん》らしい光景《こうけい》といえるね。

音《おと》に聞《き》く 高師《たかし》の浜《はま》の あだ波《なみ》は

かけしやそ
てのぬれも
こそすれ

歌番号《うたばんごう》：72、出典《しゅってん》：金葉集《きんようしゅう》

訳《やく》

うわさに聞《き》く高師《たかし》の浜《はま》の波《なみ》のように、浮気者《うわきもの》で名高《なだか》いあなたの言葉《ことば》は心《こころ》にかけません。涙《なみだ》で袖《そで》がぬれてしまっては大変《たいへん》ですから。

作者《さくしゃ》

祐子内親王家紀伊《ゆうしないしんのうけのきい》（生没年不明《せいぼつねんふめい》）
後朱雀天皇《ごすざくてんのう》の皇女《こうじょ》の祐子内親王《ゆうしないしんのう》に仕《つか》えた女房《にょうぼう》。優《すぐ》れた歌人《かじん》として、多《おお》くの歌合《うたあわせ》に参加《さんか》した。

浮気者《うわきもの》のお誘《さそ》い、お断《ことわ》り

恋《こい》をテーマにした歌合《うたあわせ》の席《せき》でよまれた歌《うた》です。男性《だんせい》が女性《じょせい》に恋《こい》の歌《うた》を送《おく》り、女性《じょせい》が返事《へんじ》の歌《うた》をよむのですが、本当《ほんとう》の恋人同士《こいびとどうし》ではないので、いわば「ラブレターのやりとりゲーム」みたいなもの。作者《さくしゃ》はこのとき70歳《さい》ですが、恋愛中《れんあいちゅう》の気分《きぶん》で作《つく》ったのでしょう。

寄《よ》せては返《かえ》す波《なみ》を男性《だんせい》の浮気心《うわきごころ》に重《かさ》ねています。高師《たかし》の浜《はま》の「高《たか》し」に「うわさに高《たか》い」という意味《いみ》も含《ふく》ませ、「かけじ」の「かけ」も「波《なみ》をかける」と「心《こころ》にかける」の両方《りょうほう》の意味《いみ》をもたせるなど、恋《こい》も人生《じんせい》もベテランの作者《さくしゃ》らしい、テクニックが盛《も》りだくさんの歌《うた》です。

かけじや袖《そで》の ぬれもこそすれ

ゴロ暗記《あんき》

音《おと》書《か》け!

2字決《じき》まり ★★

この歌《うた》は2字決《じき》まり。つまり、「音」ときたら、すぐにこの歌《うた》だと思《おも》って問題《もんだい》ナシなのだ。

クラシックなどの高名《こうめい》な作曲家《さっきょくか》になると、頭《あたま》に浮《う》かんだメロディをピアノで「♪タラララン」と弾《ひ》き、それを聴《き》いた助手《じょしゅ》が楽譜《がくふ》に起《お》こすということがあったらしい（これを採譜《さいふ》というよ）。この歌《うた》では、そんな情景《じょうけい》を想像《そうぞう》してみよう。

恋《こい》する気持《きも》ちに年齢《ねんれい》は関係《かんけい》ないというよ。

高砂《たかさご》の　尾《お》の上《え》の桜《さくら》　咲《さ》きにけり

とやまのか
すみたたす
もあらなむ

歌番号《うたばんごう》：73、出典《しゅってん》：後拾遺集《ごしゅういしゅう》

訳《やく》

遠《とお》くの高《たか》い山《やま》の峰《みね》に桜《さくら》が咲《さ》いています。手前《てまえ》の人里《ひとざと》に近《ちか》い山《やま》の霞《かすみ》よ、どうか立《た》ち込《こ》めないでほしい。あの山《やま》の桜《さくら》が見《み》えなくなるから。

作者《さくしゃ》

前権中納言匡房《さきのごんちゅうなごんまさふさ》（1041〜1111年《ねん》）
本名《ほんみょう》は大江匡房《おおえのまさふさ》。和歌《わか》だけでなく、政治《せいじ》、漢学《かんがく》などで多才《たさい》ぶりを発揮《はっき》した。

遠《とお》くの山《やま》の桜《さくら》をながめて

遠《とお》くの山《やま》の桜《さくら》と、手前《てまえ》の里山《さとやま》の霞《かすみ》。情景《じょうけい》に遠近感《えんきんかん》のある美《うつく》しい歌《うた》です。

作者《さくしゃ》は23番《ばん》の大江千里《おおえのちさと》の子孫《しそん》であり、代々学者《だいだいがくしゃ》の家柄《いえがら》に生《う》まれ、とりわけ優秀《ゆうしゅう》な学者《がくしゃ》として知《し》られていました。8歳《さい》で中国《ちゅうごく》の書物《しょもつ》を読《よ》みこなし「神童《しんどう》」と呼《よ》ばれていたとか。この歌《うた》は漢学《かんがく》にも優《すぐ》れている作者《さくしゃ》らしく、中国《ちゅうごく》の詩《し》や水墨画《すいぼくが》のような奥行《おくゆ》きのある構図《こうず》を和歌《わか》にして表現《ひょうげん》しているようです。

「立《た》たずもあらなむ」の「なむ」は願望《がんぼう》を表《あらわ》す言葉《ことば》。「立《た》たないでいてほしい」という意味《いみ》です。

外山《とやま》の霞《かすみ》立《た》たずもあらなむ《ん》

離《はな》れたところから見《み》る桜《さくら》もきれいだよね

ゴロ暗記《あんき》 たかっ！ とやま

2字決《じき》まり ★★

富山県《とやまけん》には、剱岳《つるぎだけ》や立山《たてやま》、さらに北《きた》アルプス（飛騨山脈《ひださんみゃく》）など、日本《にほん》を代表《だいひょう》する高《たか》い山《やま》がたくさんあるんだ。歌《うた》にある「とやま」は、「外山《とやま》」（人里《ひとざと》に近《ちか》い山《やま》）という意味《いみ》で、とくに高《たか》い山《やま》ではないんだけどね（笑）。

まぁ、それはともかく、2字決《じき》まりだから「高砂《たかさご》」の「たか」が出《で》てきたら、すぐに「とやま」と連想《れんそう》できるように覚《おぼ》えておこう。

歌《うた》で情景《じょうけい》の遠近感《えんきんかん》を表《あらわ》すこともできるんだ。

憂《う》かりける 人《ひと》を初瀬《はつせ》の 山《やま》おろしよ

はけしかれ
とはいのら
ぬものを

歌番号《うたばんごう》：74、出典《しゅってん》：千載集《せんざいしゅう》

訳《やく》

冷《つめ》たいあの人《ひと》が振《ふ》り向《む》いてくれるようにと観《かん》音様《のんさま》にはお祈《いの》りしたが、初瀬《はつせ》の山《やま》おろしよ、激《はげ》しくなれとは祈《いの》らなかったのに。

作者《さくしゃ》

源 俊頼朝臣《みなもとのとしよりあそん》（1055～1129年《ねん》）
71番《ばん》の源経信《みなもとのつねのぶ》の息子《むすこ》。85番《ばん》の俊恵法師《しゅんえほうし》の父《ちち》。和《わ》歌《か》だけでなく、音楽《おんがく》の才能《さいのう》もあった。

お祈《いの》りしたのに……

奈良県《ならけん》の初瀬《はっせ》にある長谷寺《はせでら》は、恋《こい》の願《ねが》いがかなうと有《ゆう》名《めい》なところ。そこの観音様《かんのんさま》に「私《わたし》に冷《つめ》たいあの人《ひと》が、振《ふ》り向《む》いてくれますように」と祈《いの》ったのに、実際《じっさい》はその女《じょ》性《せい》は初瀬《はっせ》の山《やま》から吹《ふ》く激《はげ》しい風《かぜ》（山《やま》おろし）のようにますます冷《つめ》たくなってしまいました。「こんなはずではなかった……」とため息《いき》が聞《き》こえるような歌《うた》です。

この歌《うた》は作者《さくしゃ》が知人《ちじん》の家《いえ》に招《まね》かれたとき、「神仏《しんぶつ》に祈《いの》ってもかなわない恋《こい》」という題《だい》でよんだもの。作者《さくしゃ》の実体験《じったいけん》からくるものなのか、そうでないのかわかりませんが、かなわぬ恋《こい》の悲《かな》しみはひしひしと伝《つた》わってきます。

はげしかれとは　祈《いの》らぬものを

ゴロ暗記《あんき》　**うっかりハケ**　｜　2字《じ》決《き》まり　★★

今年《ことし》の大《おお》そうじは、床《ゆか》にワックスをかけることになったんだけど、おとうさんがなにをカン違《ちが》いしたのか、モップではなくハケをもってきてしまった！　こんな小《ちい》さなハケでは、いくらがんばっても今日中《きょうじゅう》にワックスを塗《ぬ》り終《お》わらないよ！　いますぐモップをもってきて！

……こんな状況《じょうきょう》をイメージしてみよう。それにしても、おとうさんはうっかりしすぎだね。

山《やま》の上《うえ》で冷《ひ》えた空気《くうき》は、本当《ほんとう》に冷《つめ》たいんだ。

契《ち》りおきし させもが露《つゆ》を 命《いのち》にて

あはれこと
しのあきも
いぬめり

歌番号《うたばんごう》：75、出典《しゅってん》：千載集《せんざいしゅう》

訳《やく》

約束《やくそく》してくださった、草《くさ》の露《つゆ》のようなはかない言葉《ことば》を命《いのち》のように大切《たいせつ》にしていたのに、今《こ》年《とし》の秋《あき》もむなしく過《す》ぎていくようです。

作者《さくしゃ》

藤原基俊《ふじわらのもととし》（1060～1142年《ねん》）
藤原道長《ふじわらのみちなが》のひ孫《まご》。和歌《わか》や漢文《かんぶん》は得意《とくい》としたが、出世《しゅっせ》には恵《めぐ》まれなかった。

約束《やくそく》したはずでは！

作者《さくしゃ》はお坊《ぼう》さんである息子《むすこ》を、「興福寺《こうふくじ》の講師《こうし》」という名誉《めいよ》な職《しょく》に就《つ》かせてあげたいと考《かんが》えていました。そこで、その講師《こうし》を選《えら》ぶ権力《けんりょく》をもっている76番《ばん》の藤原忠通《ふじわらのただみち》に息子《むすこ》を選《えら》んでほしいと頼《たの》んだのです。返事《へんじ》は「任《まか》せておきなさい。」作者《さくしゃ》はホッと一安心《ひとあんしん》。期待《きたい》していたのです。ところがまたもや息子《むすこ》は落選《らくせん》。さぞがっかりしたことでしょう。そこでよんだのがこの歌《うた》なのです。

「させもが露《つゆ》」というは、させも草《ぐさ》の露《つゆ》。51番《ばん》の歌《うた》に出《で》てくる「さしも草《ぐさ》」と同《おな》じ、ヨモギのこと。ただ、この歌《うた》では藤原忠通《ふじわらのただみち》がした約束《やくそく》のことをさしています。

あは《わ》れ今年《ことし》の 秋《あき》もいぬめり

口約束《くちやくそく》はあてにならないんだね

ゴロ暗記《あんき》 **ちぎりおきあわれ、いぬ**

4字決《じき》まり ★★★★

犬《いぬ》が、部屋《へや》のなかのぬいぐるみやクツをバラバラにしてしまう……そんな光景《こうけい》は、犬《いぬ》の飼《か》い主《ぬし》にとってはあるあるネタだよね。

でも、赤《あか》ちゃんが犬《いぬ》のぬいぐるみをちぎっては置《お》き、ちぎっては置《お》きしていたら、あわれだよねー！

昔《むかし》から、子《こ》どもを想《おも》う親《おや》の気持《きも》ちって変《か》わらないんだね。

わたの原《はら》 こぎ出《い》でて見《み》れば ひさかたの

くもゐにま
かふおきつ
しらなみ

歌番号《うたばんごう》：76、出典《しゅってん》：詞花集《しかしゅう》

訳《やく》

大海原《おおうなばら》に船《ふね》をこぎ出《だ》して遠《とお》くを見渡《みわた》すと、沖《おき》のほうには、白《しろ》い雲《くも》と区別《くべつ》がつかないような白《しろ》い波《なみ》が立《た》っています。

作者《さくしゃ》

法性寺入道前関白太政大臣《ほっしょうじにゅうどうさきのかんぱくだいじょうだいじん》（1097～1164年《ねん》）本名《ほんみょう》は藤原忠通《ふじわらのただみち》。鳥羽天皇《とばてんのう》から4代《だい》にわたって関《かん》白《ぱく》を務《つと》めた。保元《ほげん》の乱後《らんご》に出家《しゅっけ》した。

権力者《けんりょくしゃ》らしい堂々《どうどう》とした歌《うた》

作者《さくしゃ》は75番《ばん》の歌《うた》で、「させもが露《つゆ》」の約束《やくそく》をした藤原忠通《ふじわらのただみち》です。それにしても長《なが》い名前《なまえ》。百人一首《ひゃくにんいっしゅ》の作者《さくしゃ》のなかでは断《だん》トツで一番《いちばん》です。作者《さくしゃ》は和歌《わか》や漢詩《かんし》にも優《すぐ》れていましたし、天皇《てんのう》にかわって政治《せいじ》を動《うご》かす摂政《せっしょう》・関白《かんぱく》を何度《なんど》もつとめるなど、平安時代末期《へいあんじだいまっき》の政治《せいじ》の実権《じっけん》をにぎっていました。まさに超《ちょう》エリートだったのです。

この歌《うた》は77番《ばん》の崇徳天皇《すとくてんのう》の開《ひら》いた歌合《うたあわせ》で、「海上遠望《かいじょうえんぼう》」というテーマでよんだものです。海《うみ》に立《た》つ白《しろ》い波《なみ》や、空《そら》に浮《う》かぶ白《しろ》い雲《くも》といった色彩《しきさい》のコントラストの美《うつく》しさ、大海原《おおうなばら》の雄大《ゆうだい》な情景《じょうけい》が浮《う》かびます。

雲《くも》居《い》にまがふ《ごう》 沖《おき》つ白波《しらなみ》

ゴロ暗記《あんき》 **和田《わだ》の腹《はら》に子《こ》グモ** | 6字《じ》決《き》まり ★★★★★★

「わたの原《はら》」ではじまる歌《うた》が、この歌《うた》ともうひとつある（11番《ばん》）。つまりこの歌《うた》は、「きみがため」や「あさぼらけ」ではじまる歌《うた》と同様《どうよう》、6字決《じき》まりの歌《うた》だ。そのため、読《よ》む人《ひと》がひと呼吸《こきゅう》いれたあとの「こ」を聞《き》き取《と》ったら、すばやく「くも」ではじまる札《ふだ》を取《と》りにいこう。

覚《おぼ》え方《かた》は、「和田《わだ》くんの腹《はら》に子《こ》グモがいる！」というホラー仕立《じた》てのシーンだ。

海《うみ》をながめると雄大《ゆうだい》な気分《きぶん》になるよね。

瀬《せ》をはやみ 岩《いわ》にせかるる 滝川《たきがわ》の

われてもすゑにあはむとぞおもふ

歌番号《うたばんごう》：77、出典《しゅってん》：詞花集《しかしゅう》

今別《いまわか》れても、また会《あ》おう

岩《いわ》で川《かわ》の流《なが》れが二《ふた》つに分《わ》けられてしまっても、水《みず》は再《ふたた》び出会《であ》ってまた一《ひと》つになります。そんな川《かわ》の流《なが》れのように、「今《いま》は分《わ》かれても、いつか必《かなら》ずいっしょになろう！」と愛《あい》する人《ひと》への強《つよ》い思《おも》いを歌《うた》いました。「岩《いわ》」は二人《ふたり》の恋《こい》の障害《しょうがい》となるものなのでしょう。

作者《さくしゃ》は天皇《てんのう》になりましたが、父《ちち》の鳥羽院《とばいん》からは「自分《じぶん》の子《こ》どもではない」と愛《あい》されず、22歳《さい》で天皇《てんのう》の位《くらい》を譲《ゆず》りました。さらに天皇家《てんのうけ》と源氏《げんじ》や平氏《へいし》の武士《ぶし》たちを巻《ま》き込《こ》んだ1156年《ねん》の「保元《ほげん》の乱《らん》」で負《ま》けて、讃岐《さぬき》（香川《かがわ》県《けん》）に流《なが》され、二度《にど》と都《みやこ》に戻《もど》ることはできませんでした。

訳《やく》

川《かわ》の流《なが》れが速《はや》いので、岩《いわ》にせきとめられる急流《きゅうりゅう》が別《わか》れてもまた合流《ごうりゅう》するように、私《わたし》もあなたと別《わか》れても、また一緒《いっしょ》になろうと思《おも》います。

作者《さくしゃ》

崇徳院《すとくいん》（1119〜1164年《ねん》）
第《だい》75代天皇《だいてんのう》。鳥羽天皇《とばてんのう》の第一皇子《だいいちおうじ》。保元《ほげん》の乱《らん》で負《ま》けて、讃岐《さぬき》に流《なが》された。

われても末《すえ》に 逢《あ》はむ《わん》とぞ思《おも》ふ《う》

ゴロ暗記《あんき》 背《せ》負《お》われても会《あ》わん！ | 1字決《じき》まり ★

この歌《うた》は１字決《じき》まり。「せ」ときたらすぐに取《と》りに行《い》けるから、ぜひ覚《おぼ》えてしまおう。ゴロ暗記《あんき》は、下《しも》の句《く》から「われても」「あはむ」を取《と》り入《い》れたよ。途中《とちゅう》の「末《すえ》に」ははぶいているから要注意《ようちゅうい》だ。

おばあちゃんとささいなことでケンカしたおじいちゃん。孫《まご》がおんぶしておばあちゃんのところに連《つ》れて行《い》こうとするけど、断固拒否《だんこきょひ》しているよ。

恋《こい》の行《ゆ》く先《さき》を、川《かわ》の流《なが》れで表現《ひょうげん》したんだね。

淡路島《あわじしま》 かよふ千鳥《ちどり》の 鳴《な》く声《こえ》に

いくよねさ
めぬすまの
せきもり

歌番号《うたばんごう》：78、出典《しゅってん》：金葉集《きんようしゅう》

訳《やく》

淡路島《あわじしま》から渡《わた》ってくる千鳥《ちどり》の鳴《な》き声《ごえ》に、いったい何度目《なんどめ》を覚《さ》ましたことでしょうか。須磨《すま》の関《せき》を守《まも》る番人《ばんにん》は。

作者《さくしゃ》

源 兼昌《みなもとのかねまさ》（生没年不明《せいぼつねんふめい》）

美濃守《みののかみ》・源 俊輔《みなもとのしゅんすけ》の子《こ》。歌人《かじん》として活躍《かつやく》したが、出世《しゅっせ》には恵《めぐ》まれず、晩年《ばんねん》は出家《しゅっけ》した。

千鳥《ちどり》の鳴《な》き声《ごえ》で目覚《めざ》める

作者《さくしゃ》が歌合《うたあわせ》で「関路《せきじ》の千鳥《ちどり》」という題《だい》でよんだ歌《うた》です。須磨《すま》は「源氏物語《げんじものがたり》」で、主人公《しゅじんこう》の光源氏《ひかるげんじ》が罰《ばつ》を受《う》けて流《なが》されたところで、関所《せきしょ》がありました。「須磨《すま》の関所《せきしょ》の近《ちか》くに泊《と》まると、淡路島《あわじしま》からわたってくる千鳥《ちどり》の声《こえ》が聞《き》こえてくる」。その物悲《ものがな》しい様子《ようす》を歌《うた》ったのです。千鳥《ちどり》は水辺《みずべ》にすむ鳥《とり》ですが、妻《つま》や仲間《なかま》を恋《こい》しがって鳴《な》くと考《かんが》えられていました。関所《せきしょ》の番人《ばんにん》である関守《せきもり》は、故郷《こきょう》の家族《かぞく》と離《はな》れて仕事《しごと》をしているので、そんな関守《せきもり》の気持《きも》ちも想《そう》像しながら、自分《じぶん》の孤独《こどく》と重《かさ》ねて、物悲《ものがな》しい情景《じょうけい》をよんだのです。

幾夜《いくよ》寝《ね》ざめぬ　須磨《すま》の関守《せきもり》

ゴロ暗記《あんき》　**あわじいくよね**　3字決《じき》まり ★★★

淡路島《あわじしま》は知《し》ってるよね？　大阪《おおさか》や神戸《こうべ》の近《ちか》くにある、日本《にほん》でいちばん大《おお》きな島《しま》だ。いまでは明石大橋《あかしおおはし》などが架《か》かっていて、クルマでも行《い》けるよ。ちなみに、歌《うた》にある「須磨《すま》」は、淡路島《あわじしま》がハッキリ見《み》える神戸《こうべ》の海岸《かいがん》だ。

夏休《なつやす》みの旅行《りょこう》の計画《けいかく》を立《た》てているふたり、今年《ことし》は淡路島《あわじしま》に行《い》く予定《よてい》らしいね。たぶん、去年《きょねん》あたりから話《はな》し合《あ》って行《い》き先《さき》をすりあわせていたんだろうね。

鳥《とり》の泣《な》き声《ごえ》にも、悲《かな》しいものや楽《たの》しいものなど、いろいろあるね。

秋風《あきかぜ》に たなびく雲《くも》の 絶《た》え間《ま》より

もれいつる
つきのかけ
のさやけさ

歌番号《うたばんごう》：79、出典《しゅってん》：新古今集《しんこきんしゅう》

訳《やく》

秋風《あきかぜ》が吹《ふ》くにつれて、たなびいていた雲《くも》の切《き》れ間《ま》からもれ出《で》てくる月《つき》の光《ひかり》の、なんと明《あか》るく澄《す》み切《き》った美《うつく》しさなのでしょう。

作者《さくしゃ》

左京大夫顕輔《さきょうのだいぶあきすけ》（1090～1155年《ねん》）

本名《ほんみょう》は藤原顕輔《ふじわらのあきすけ》。歌人《かじん》として有名《ゆうめい》な藤原顕季《ふじわらのあきすえ》の子《こ》で、父《ちち》の六条家《ろくじょうけ》を継《つ》いだ。

秋《あき》の月《つき》をながめながら

複雑《ふくざつ》な技巧《ぎこう》はなく、初《はじ》めてよんでも意味《いみ》がわかりやすい歌《うた》です。秋《あき》の夜《よる》の月《つき》の光《ひかり》の美《うつく》しさが、素直《すなお》に表現《ひょうげん》されています。長《なが》く流《なが》れている雲《くも》の間《あいだ》に月《つき》が隠《かく》れたり、顔《かお》を出《だ》したりしているのでしょう。その雲《くも》の切《き》れ間《ま》からこぼれる月《つき》の光《ひかり》も、雲《くも》の動《うご》きによって刻々《こっこく》と変化《へんか》します。

「秋《あき》」の歌《うた》は物悲《ものがな》しいものが多《おお》いですが、この歌《うた》は雲《くも》の動《うご》きや月《つき》の光《ひかり》から、さわやかな風《かぜ》や澄《す》んだ空気《くうき》の気配《けはい》が感《かん》じ取《と》れます。

「月《つき》の影《かげ》」とありますが、「影《かげ》」は「光《ひかり》」のこと。「さやけさ」とは「清《きよ》く澄《す》み切《き》っているさま」のことです。

もれ出《い》づる月《つき》の 影《かげ》のさやけさ

ゴロ暗記《あんき》 **秋風《あきかぜ》もれ**

3字《じ》決《き》まり ★★★

この歌《うた》では「秋《あき》のさわやかさ」が歌《うた》われているんだけど、ゴロ暗記《あんき》では「秋《あき》のちょっと寒《さむ》い感《かん》じ」をイメージしてみよう。

秋風《あきかぜ》は、さわやかなものだけど、ずうっと吹《ふ》かれていると芯《しん》から冷《ひ》えるもの。家《いえ》のすきまから、そんな秋風《あきかぜ》がずっともれていたら……。きっと寒《さむ》くてたまらないだろうね。

風《かぜ》が強《つよ》いと雲《くも》の流《なが》れも早《はや》くなるね。

長《なが》からむ《ん》　心《こころ》も知《し》らず　黒髪《くろかみ》の

みたれてけ
さはものを
こそおもへ

歌番号《うたばんごう》：80、出典《しゅってん》：千載集《せんざいしゅう》

訳《やく》

「いつまでも愛《あい》す」というあなたの気持《きも》ちは頼《たよ》りになりません。お別《わか》れした今朝《けさ》は、黒髪《くろかみ》が乱《みだ》れるように心《こころ》も乱《みだ》れ、思《おも》い沈《しず》んでいます。

作者《さくしゃ》

待賢門院堀河《たいけんもんいんのほりかわ》（生没年不明《せいぼつねんふめい》）
崇徳天皇《すとくてんのう》の母《はは》である待賢門院璋子《たいけんもんいんしょうし》に仕《つか》えたのでこう呼《よ》ばれた。優《すぐ》れた歌人《かじん》だった。

髪《かみ》も心《こころ》も乱《みだ》れています

恋人《こいびと》の男性《だんせい》と夜《よる》を過《す》ごして、翌朝男性《よくあさだんせい》が帰《かえ》っていった朝《あさ》、送《おく》られてきた「後朝《きぬぎぬ》の歌《うた》」に返事《へんじ》の歌《うた》を送《おく》る、というテーマでよまれた歌《うた》です。

当時《とうじ》の恋愛《れんあい》では、女性《じょせい》は待《ま》つことしかできません。しかも男性《だんせい》は何人《なんにん》も恋人《こいびと》を持《も》つことができたので、女性《じょせい》は恋人《こいびと》の愛《あい》が永遠《えいえん》に続《つづ》くか、いつも不安《ふあん》だったのです。作者《さくしゃ》は男性《だんせい》の「愛《あい》しているよ」という言葉《ことば》を素直《すなお》に喜《よろこ》べず、むしろ不安《ふあん》が募《つの》る様子《ようす》を、黒髪《くろかみ》の乱《みだ》れに例《たと》えています。

当時《とうじ》の貴族《きぞく》の女性《じょせい》は、自分《じぶん》の身長《しんちょう》よりも長《なが》く髪《かみ》を伸《の》ばしていて、「長《なが》い黒髪《くろかみ》」が美人《びじん》のしるしでした。

乱《みだ》れて 今朝《けさ》は ものをこそ思《おも》へ

ゴロ暗記《あんき》 **長《ちょう》カラ、乱《みだ》れて** 3字決《じ》まり《き》 ★★★

「長《なが》からむ」を、「長《なが》いことからい!」というふうにとらえてみよう。

長《なが》いことからいといえば、タバスコとかハラペーニョのような香辛料《こうしんりょう》だよね。ここでは、うっかり香辛料《こうしんりょう》をかけすぎてしまった料理《りょうり》を食《た》べて、長《なが》いことからいからいと大騒《おおさわ》ぎ、そんな状態《じょうたい》を「乱《みだ》れて」と表現《ひょうげん》するのはどうかな?

身長《しんちょう》よりも長《なが》い髪《かみ》の毛《け》なんて、すごいね!

ほととぎす 鳴《な》きつる方《ほう》を ながむれば

たたありあ
けのつきぞ
のこれる

歌番号《うたばんごう》：81、出典《しゅってん》：千載集《せんざいしゅう》

訳《やく》

ほととぎすが鳴《な》いたと思《おも》って、その方向《ほうこう》をながめると、ほととぎすはもういません。空《そら》にはただ有明《ありあけ》の月《つき》が残《のこ》っているだけでした。

作者《さくしゃ》

後徳大寺左大臣《ごとくだいじのさだいじん》（1139～1191年《ねん》）
本名《ほんみょう》は藤原実定《ふじわらのさねさだ》。97番《ばん》の藤原定家《ふじわらのていか》のいとこ。和歌《わか》だけでなく管弦《かんげん》にも優《すぐ》れていた。

ほととぎすが鳴《な》いた？

ほととぎすは夏《なつ》の間《あいだ》だけ日本《にほん》にくる渡《わた》り鳥《どり》。当時《とうじ》の貴《き》族《ぞく》は「夏《なつ》を知《し》らせる」鳥《とり》として、その年《とし》に初《はじ》めてほととぎすが鳴《な》くのをだれよりも早《はや》く聞《き》こうと、眠《ねむ》らないで夜《よ》明《あ》けを待《ま》ち、耳《みみ》をすませることもあったほどです。

作者《さくしゃ》もほととぎすが鳴《な》くのを聞《き》くために、寝《ね》ないで待《ま》っていたのでしょう。ふと、鳴《な》き声《ごえ》がしたように思《おも》い、急《いそ》いでその方角《ほうがく》を見《み》ましたが、ほととぎすはいません。そして暗《くら》い空《そら》に残《のこ》っている月《つき》だけが見《み》えた、という情景《じょうけい》を歌《うた》にしました。ほととぎすが飛《と》び去《さ》った後《あと》の余韻《よいん》に風《ふ》情《ぜい》が感《かん》じられる歌《うた》です。

ただ有《あり》明《あ》けの 月《つき》ぞ残《のこ》れる

ゴロ暗記《あんき》 掘《ほ》っただタケノコ

1字決《じき》まり ★

「掘《ほ》っただ」まではわかりやすいけれど、そのあとの「タケノコ」ってなんだろう？

その答《こた》えは、右《みぎ》ページの取《と》り札《ふだ》をながめればわかるよ。1行目《ぎょうめ》のいちばん上《うえ》が「た」、その左《ひだり》が「け」、その左《ひだり》が「の」、その下《した》が「こ」となっているでしょ！

このように、取《と》り札《ふだ》自体《じたい》をイメージで覚《おぼ》えるというのも、ひとつの作戦《さくせん》なんだよ。

ほととぎすは「キョキョキョキョ…」と鳴《な》くよ。

思《おも》ひ《い》わび さても命《いのち》は あるものを

うきにたへ
ぬはなみた
なりけり

歌番号《うたばんごう》：82、出典《しゅってん》：千載集《せんざいしゅう》

訳《やく》

つれない恋人《こいびと》のことを思《おも》い悩《なや》んでも、それでも命《いのち》だけは残《のこ》っているのに、辛《つら》さにたえられずに涙《なみだ》はとめどなくこぼれ落《お》ちます。

作者《さくしゃ》

道因法師《どういんほうし》（1090～1182年《ねん》）
出家前《しゅっけまえ》の名前《なまえ》は藤原敦頼《ふじわらのあつより》。崇徳院《すとくいん》に仕《つか》えた。80歳《さい》を過《す》ぎて出家《しゅっけ》。90歳《さい》をすぎても歌会《うたかい》に参加《さんか》した。

涙《なみだ》だけはただ流《なが》れ続《つづ》ける

恋人《こいびと》が振《ふ》り向《む》いてくれない辛《つら》さがとても強《つよ》くて、死《し》んでしまうのではないかと思《おも》うくらい悩《なや》んでいるのに、体《からだ》はまだ生《い》きている。しかし、心《こころ》はすでに死《し》にかけているので涙《なみだ》だけはとめどなく流《なが》れてしまう……。「命《いのち》と涙《なみだ》」、つまり「体《からだ》と心《こころ》」の対比《たいひ》が、作者《さくしゃ》の辛《つら》い気持《きも》ちをいっそう強《つよ》いものにしているようです。

作者《さくしゃ》はとても長生《ながい》きしました。90歳《さい》を過《す》ぎても歌会《うたかい》に参加《さんか》するほどで、生涯《しょうがい》を歌《うた》にささげ熱心《ねっしん》に歌《うた》をよみ続《つづ》けました。この歌《うた》は、過《す》ぎ去《さ》った人生《じんせい》を振《ふ》り返《かえ》ってよんだ、という説《せつ》もあります。

憂《う》きにたへ《え》ぬは　涙《なみだ》なりけり

涙《なみだ》がとまらなくなったことがあるかな

ゴロ暗記《あんき》　重《おも》いウキ（浮子《うき》）

2字決《じき》まり ★★

ウキは、魚《さかな》釣《つ》りに使《つか》う道具《どうぐ》だ。釣《つ》り糸《いと》の先《さき》にある釣《つ》り針《ばり》に魚《さかな》がかかって逃《に》げようとすると、その重《おも》みで沈《しず》むようになっているから、ウキが見《み》えなくなったら魚《さかな》を釣《つ》りあげるチャンス！　というわけだ。

ところがそのウキが鉄《てつ》でできていたら、もともと重《おも》いから魚《さかな》がかからなくても沈《しず》んでしまうよね。そんなマヌケな釣《つ》り人《びと》のことを想像《そうぞう》してみよう。

「この恋《こい》がかなわぬなら、死《し》んでしまいたい」という強烈《きょうれつ》な歌《うた》だ。

世《よ》の中《なか》よ　道《みち》こそなけれ　思《おも》ひ入《い》る

やまのおく
にもしかそ
なくなる

歌番号《うたばんごう》：83、出典《しゅってん》：千載集《せんざいしゅう》

訳《やく》

この世《よ》には、悲《かな》しみや辛《つら》さから逃《のが》れる道《みち》はないのです。思《おも》いつめて入《はい》った山《やま》の奥《おく》にも、鹿《しか》が悲《かな》しく鳴《な》いているのが聞《き》こえるのだから。

作者《さくしゃ》

皇太后宮大夫俊成《こうたいごうぐうのだいぶしゅんぜい》（1114～1204年《ねん》）
本名《ほんみょう》は藤原俊成《ふじわらのしゅんぜい》。藤原定家《ふじわらのていか》の父《ちち》。63歳《さい》で出家《しゅっけ》した。「千載集《せんざいしゅう》」の選者《せんじゃ》として活躍《かつやく》。

私《わたし》も出家《しゅっけ》するべきか……

作者《さくしゃ》は藤原定家《ふじわらのていか》の父《ちち》、藤原俊成《ふじわらのしゅんぜい》です。この歌《うた》は作者《さくしゃ》が20代《だい》のときよんだもの。平安末期《へいあんまっき》で、貴族社会《きぞくしゃかい》から武家《ぶけ》社会《しゃかい》へかわる不安定《ふあんてい》な時期《じき》でした。

歌仲間《うたなかま》の86番《ばん》の西行法師《さいぎょうほうし》を始《はじ》め、周《まわ》りの人々《ひとびと》が次々《つぎつぎ》と世《よ》を憂《うれ》いて出家《しゅっけ》したため、作者《さくしゃ》も出家《しゅっけ》を考《かんが》えて悩《なや》んでいたのです。

そうして入《はい》った山奥《やまおく》で、仲間《なかま》を恋《こい》しく思《おも》って鳴《な》いている鹿《しか》の声《こえ》を聞《き》きました。それを聞《き》いた作者《さくしゃ》は「山奥《やまおく》に入《はい》っても（出家《しゅっけ》しても）辛《つら》いことから逃《のが》れる道《みち》はないのだ」と悟《さと》り、歌《うた》の道《みち》に生《い》きることを決意《けつい》します。

山《やま》の奥《おく》にも　鹿《しか》ぞ鳴《な》くなる

ゴロ暗記《あんき》　**世《よ》の中《なか》夜道《よみち》、山《やま》の奥《おく》**　5字決《じき》まり ★★★★★

5字決《じき》まり、つまり「世《よ》の中《なか》よ」の「よ」でようやくこの歌《うた》だ！　と特定《とくてい》できる歌《うた》だ。だからゴロ暗記《あんき》もちょっと長《なが》くなるよ。

山《やま》の奥《おく》のほうに続《つづ》く道《みち》、なんだか薄暗《うすぐら》くて夜道《よみち》のようだ……。でも世《よ》の中《なか》って、人生《じんせい》って、先《さき》もわからないこんな夜道《よみち》のようじゃないかな？　という意味《いみ》なんだけど、ちょっと厳《きび》しいかな？（笑）

山奥《やまおく》へわけいっても、やはりそこも世《よ》の中《なか》なのだ。

鹿《しか》にもきっと悲《かな》しいことがあるんだね

長《なが》らへ《え》ば　またこのごろや　しのばれむ《ん》

うしとみし
よそいまは
こひしき

歌番号《うたばんごう》：84、出典《しゅってん》：新古今集《しんこきんしゅう》

訳《やく》

長《なが》く生《い》きていれば、今《いま》の辛《つら》いことも懐《なつ》かしく思《おも》い出《だ》されるのでしょう。辛《つら》かった昔《むかし》も、今《いま》となっては恋《こい》しく思《おも》えるのですから。

作者《さくしゃ》

藤原清輔朝臣《ふじわらのきよすけあそん》（1108～1177年《ねん》）
79番《ばん》の藤原顕輔《ふじわらのあきすけ》の息子《むすこ》。父《ちち》とうまくいかず、なかなか出世《しゅっせ》ができなかった。

辛《つら》くてもがんばろう！

とても辛《つら》かった出来事《できごと》も、時間《じかん》がたつとなつかしく感《かん》じることがあるでしょう。そう思《おも》えば、今《いま》の辛《つら》いことも、きっと将来《しょうらい》は「あんなこともあったなあ」となつかしく感《かん》じられるだろうから、「がんばろう」と新《あら》たな気持《きも》ちになれるでしょう、という歌《うた》です。

作者《さくしゃ》は和歌《わか》の名門《めいもん》に生《う》まれましたが、父親《ちちおや》とうまくいかず、父《ちち》がまとめていた「詞花集《しかしゅう》」に自分《じぶん》の歌《うた》が選《えら》ばれなかったり、天皇《てんのう》の命令《めいれい》で作《つく》っていた歌集《かしゅう》も天皇《てんのう》の崩御《ほうぎょ》によって完成《かんせい》できなかったりと不遇《ふぐう》な時期《じき》が長《なが》かったのです。そんな背景《はいけい》がこの歌《うた》を作《つく》らせたのかもしれません。

憂《う》しと見《み》し世《よ》ぞ 今《いま》は恋《こい》しき

ゴロ暗記《あんき》 **ながらうし**　3字《じ》決《き》まり ★★★

その昔《むかし》、「ながら族《ぞく》」という言葉《ことば》がはやったことがあるんだ。最近《さいきん》、道路《どうろ》や駅《えき》などでスマホの画面《がめん》とにらめっこしながら歩《ある》いている人《ひと》が多《おお》いけど、あれも典型的《てんけいてき》なながら族《ぞく》だね。

テレビを観《み》ながらお菓子《かし》を食《た》べているうちに、グウタラな牛《うし》のようになってしまった人《ひと》をイメージしてみよう。あんまりひどいとお母《かあ》さんにしかられるぞ。

つらかった思《おも》い出《で》が、人《ひと》を強《つよ》くすることもあるんだよ。

夜《よ》もすがら 物思《ものおも》ふころは 明《あ》けやらで

ねやのひま
さへつれな
かりけり

歌番号《うたばんごう》：85、出典《しゅってん》：千載集《せんざいしゅう》

訳《やく》

ひと晩中《ばんちゅう》、来《き》てくれない恋人《こいびと》を思《おも》い悩《なや》んでいるこのごろ。夜《よる》もなかなか明《あ》けないので、寝室《しんしつ》の戸《と》のすき間《ま》までも、つれなく感《かん》じます。

作者《さくしゃ》

俊恵法師《しゅんえほうし》（1113〜1190?年《ねん》）

74番《ばん》の源俊頼《みなもとのとしより》の子《こ》。奈良《なら》の東大寺《とうだいじ》の僧《そう》だったが、のちに京都《きょうと》に住《す》み、多《おお》くの歌会《うたかい》を催《もよお》した。

恋人《こいびと》は今日《きょう》も来《こ》ない……

男性《だんせい》である作者《さくしゃ》が、女性《じょせい》の立場《たちば》になってよんだ歌《うた》です。当時《とうじ》の恋愛《れんあい》では、女性《じょせい》は恋人《こいびと》が自分《じぶん》のところに来《き》てくれるのを待《ま》つしかありません。恋人《こいびと》が冷《つめ》たくなって、何日《なんにち》も来《こ》ないので、待《ま》ち続《つづ》ける女性《じょせい》はどんなにか辛《つら》く、不安《ふあん》だったでしょう。「一人《ひとり》で過《す》ごす夜《よる》の長《なが》さ」にそんな気《き》持《も》ちが現《あらわ》れています。「寝室《しんしつ》の戸《と》まで、私《わたし》にいじわるしているように思《おも》える」というところに、作者《さくしゃ》ならではの感性《かんせい》が現《あらわ》れているようです。

「ねやのひま」の「ねや」は寝室《しんしつ》のこと、「ひま」とは「すき間《ま》」の意味《いみ》です。

閨《ねや》のひまさへ《え》 つれなかりけり

ゴロ暗記《あんき》

夜《よる》! もーねーや!

2字決《じき》まり ★★

このゴロ暗記《あんき》の「もーねーや！」は、関西弁《かんさいべん》だね。もう少《すこ》しわかりやすく表現《ひょうげん》すると、「もう寝《ね》えや！（もう寝《ね》なさい）」とおかあさんが子《こ》どもにカミナリを落《お》としている感《かん》じだ。

どうしてもゲームをやめられなかったり、友《とも》だちとのメッセージ交換《こうかん》が終《お》わらなかったり……理由《りゆう》はいろいろあるけど、とにかく夜更《よふ》かしには気《き》をつけよう。

夜中《よなか》までただじっと待《ま》つというのは、つらいよね。

嘆《なげ》けとて 月《つき》やは物《もの》を 思《おも》はする

かこちかほ
なるわかな
みたかな

歌番号《うたばんごう》：86、出典《しゅってん》：千載集《せんざいしゅう》

訳《やく》

「嘆《なげ》きなさい」と月《つき》が私《わたし》に物思《ものおも》いをさせるのでしょうか。いや、本当《ほんとう》は恋《こい》で苦《くる》しくて、月《つき》のせいにして涙《なみだ》がこぼれ落《お》ちる私《わたし》です。

作者《さくしゃ》

西行法師《さいぎょうほうし》（1118〜1190年《ねん》）
出家前《しゅっけまえ》の名前《なまえ》は佐藤義清《さとうのりきよ》。鳥羽上皇《とばじょうこう》に仕《つか》えた武士《ぶし》だったが、23歳《さい》で出家《しゅっけ》して諸国《しょこく》を旅《たび》した。

涙《なみだ》の理由《りゆう》は月《つき》のせい？

平安末期《へいあんまっき》の代表的《だいひょうてき》な歌人《かじん》である作者《さくしゃ》は、もともとは武《ぶ》士《し》でしたが、23歳《さい》で家族《かぞく》の反対《はんたい》を押《お》し切《き》り、突然出家《とつぜんしゅっけ》します。その後《ご》、西行《さいぎょう》と名乗《なの》り、日本中《にほんじゅう》を旅《たび》しながら、数《かず》多《おお》くの歌《うた》をよみました。このような生《い》き方《かた》は、江戸時代《えどじだい》の歌人《かじん》、松尾芭蕉《まつおばしょう》など後世《こうせい》にも影響《えいきょう》を与《あた》えました。

流《なが》れてくる涙《なみだ》の本当《ほんとう》の理由《りゆう》は「恋《こい》のつらさ」なのに、それを月《つき》のせいにしてごまかそうとしても、自分《じぶん》の心《こころ》をごまかしきれないという切《せつ》ない心情《しんじょう》が伝《つた》わってきます。「かこち顔《がお》」の「かこち」とは「ほかのもののせいにする」という意味《いみ》の「かこつ」からきています。

かこち顔《がお》なる　わが涙《なみだ》かな

ゴロ暗記《あんき》　嘆《なげ》け過《か》去《こ》

3字決《じき》まり ★★★

この歌《うた》は3字決《じき》まり。つまり「なげ」の次《つぎ》に「け」がくれば「かこ…」で確定《かくてい》だ。ちなみに「なげき」となると、53番《ばん》の「なげきイカ」となる。

どろぼうをしてつかまり、いまはろうやにいる人《ひと》に、ものをぬすんでしまった過去《かこ》をなげけ！　と、さとしているシーンを思《おも》い浮《う》かべるとわかりやすいだろう。「後悔先《こうかいさき》に立《た》たず」とはよくいったものだ。

月《つき》は人《ひと》をセンチメンタルにさせるね。

村雨《むらさめ》の 露《つゆ》もまだ干《ひ》ぬ 槇《まき》の葉《は》に

きりたちの
ほるあきの
ゆふくれ

歌番号《うたばんごう》：87、出典《しゅってん》：新古今集《しんこきんしゅう》

訳《やく》

にわか雨《あめ》のしずくがまだ乾《かわ》ききっていない、スギやヒノキなどの緑《みどり》の葉《は》に、霧《きり》が立《た》ちのぼっている、美《うつく》しい秋《あき》の夕暮《ゆうぐ》れです。

作者《さくしゃ》

寂蓮法師《じゃくれんほうし》（1139?～1202年《ねん》）
出家前《しゅっけまえ》の名前《なまえ》は藤原定長《ふじわらのさだなが》。藤原定家《ふじわらのていか》のいとこ。「新古今集《しんこきんしゅう》」の撰者《せんじゃ》の一人《ひとり》でもある。

雨上《あめあ》がりの秋《あき》の夕暮《ゆうぐ》れ

とても美《うつく》しい日本《にほん》の秋《あき》の風景《ふうけい》がイメージできる歌《うた》です。「村雨《むらさめ》」とは秋《あき》から冬《ふゆ》にかけてふる激《はげ》しいにわか雨《あめ》のこと。その村雨《むらさめ》が過《す》ぎ去《さ》って、目《め》の前《まえ》の緑《みどり》の葉《は》についた雨《あめ》のしずくが乾《かわ》かず、そこから霧《きり》が立《た》ち上《のぼ》っている様子《ようす》を歌《うた》にしました。作者《さくしゃ》の目線《めせん》の先《さき》は、時間《じかん》の経過《けいか》とともに雨《あめ》→露《つゆ》→霧《きり》と変化《へんか》し、上《かみ》の句《く》では露《つゆ》や葉《は》といった近《ちか》くを、下《しも》の句《く》では霧《きり》や夕暮《ゆうぐ》れといった大《おお》きな景色《けしき》をとらえ、さびしげな雨上《あめあ》がりの風景《ふうけい》を立体的《りったいてき》に表現《ひょうげん》しています。「まきの葉《は》」とは一年中緑《いちねんじゅうみどり》の葉《は》をつける、スギやヒノキなど常緑樹《じょうりょくじゅ》の総称《そうしょう》です。

霧《きり》立《た》ちのぼる　秋《あき》の夕暮《ゆうぐ》れ

ゴロ暗記《あんき》　**ムキになって取《と》る**　1字決《じき》まり★

この歌《うた》は1字決《じき》まり。しかも、下《しも》の句《く》が「き」からはじまる歌《うた》もこれだけだ。ということは、「む」がきたら自動的《じどうてき》に「き」ではじまる札《ふだ》を取《と》ればよい。「ムキ」になってでも、この札《ふだ》を取《と》りにいこう。

ただし、取《と》りやすい札《ふだ》なので、相手《あいて》も同《おな》じことを考《かんが》えているかもしれない。それだけに反射神経《はんしゃしんけい》が問《と》われる歌《うた》だ。

雨《あめ》が降《ふ》ったあとの空気《くうき》ってさわやかだよね。

難波江《なにわえ》の 葦《あし》のかりねの ひとよゆゑ《え》

みをつくし
てやこひわ
たるへき

歌番号《うたばんごう》：88、出典《しゅってん》：千載集《せんざいしゅう》

訳《やく》

難波江《なにわえ》の葦《あし》のかりねの一節《いっせつ》のように短《みじか》い、旅《たび》先《さき》でのたった一夜《いちや》のために、この身《み》をささげて私《わたし》はあなたを一生恋《いっしょうこい》し続《つづ》けるのでしょうか。

作者《さくしゃ》

皇嘉門院別当《こうかもんいんのべっとう》（生没年不明《せいぼつねんふめい》）
崇徳天皇《すとくてんのう》の皇后《こうごう》・皇嘉門院《こうかもんいん》に仕《つか》えた女房《にょうぼう》。詳《くわ》しい生涯《しょうがい》は不明《ふめい》だが、のちに出家《しゅっけ》したという。

旅《たび》の宿《やど》で運命《うんめい》の恋《こい》に

歌合《うたあわせ》の席《せき》で、「旅《たび》の宿《やど》で出会《であ》った恋《こい》」をお題《だい》にしてつくられた歌《うた》です。「旅《たび》の宿《やど》で知《し》り合《あ》い、愛《あい》し合《あ》った男性《だんせい》のことが忘《わす》れられない」といった女性《じょせい》のせつない気持《きも》ちを表現《ひょうげん》しています。

「かりね」は「刈《か》ったあとの葦《あし》の根《ね》」と「仮寝《かりね》（旅先《たびさき》の仮《かり》の宿《やど》で寝《ね》ること）」を、「ひとよ」は「一夜《いちや》」と葦《あし》の「一節《いっせつ》（ひとよ）」を、「みをつくし」は「澪標《みおつくし》（20番《ばん》の歌参照《うたさんしょう》）」と「身《み》を尽《つ》くし」をかけています。一《ひと》つの言葉《ことば》に2つの意味《いみ》を込《こ》める「掛詞《かけことば》」を3つも使《つか》う、技巧《ぎこう》を凝《こ》らした歌《うた》です。

みをつくしてや　恋《こい》ひわたるべき

ゴロ暗記《あんき》

ナニワ身《み》をつくし

4字決《じき》まり ★★★★

東京生《とうきょうう》まれ東京育《とうきょうそだ》ちの人《ひと》が、大阪《おおさか》にお引《ひ》っ越《こ》し。数年《すうねん》ぶりに会《あ》ってみると、言葉《ことば》は関西弁《かんさいべん》、食《た》べるものは粉《こな》もん（お好《この》み焼《や》きやたこ焼《や》きなど）ばっかり、着《き》ている服《ふく》も大阪《おおさか》のおばちゃんがよく着《き》ているアニマルプリントと大変身《だいへんしん》！

大阪《おおさか》のことを「ナニワ」というけど、その東京生《とうきょうう》まれの人《ひと》は、「身《み》を尽《つ》くして」ナニワの人《ひと》になったんだね。

たった一度会《いちどあ》っただけでも、恋心《こいごころ》が芽生《めば》えたりするんだ。

玉《たま》の緒《お》よ 絶《た》えなば絶《た》えね ながらへ《え》ば

しのふるこ
とのよわり
もそする

歌番号《うたばんごう》：89、出典《しゅってん》：新古今集《しんこきんしゅう》

訳《やく》

私《わたし》の命《いのち》よ、絶《た》えるのなら絶《た》えてしまいなさい。生《い》きながらえたら、この恋《こい》を忍《しの》ぶことができず、人《ひと》に知《し》られてしまうかもしれないから。

作者《さくしゃ》

式子内親王《しょくしないしんのう》（1149～1201年《ねん》）

後白河院《ごしらかわいん》の第三皇女《だいさんこうじょ》。賀茂神社《かもじんじゃ》の斎院《さいいん》として生涯《しょうがい》独身《どくしん》を貫《つらぬ》き、晩年《ばんねん》に出家《しゅっけ》した。

私《わたし》の命《いのち》、絶《た》えてしまえ！

許《ゆる》されない恋《こい》への強《つよ》い思《おも》いが抑《おさ》えきれないので、「人《ひと》に知《し》られるくらいなら、いっそ死《し》んだほうがいい」という、とても激《はげ》しい心情《しんじょう》をよんだ歌《うた》です。

作者《さくしゃ》は10歳《さい》から約《やく》10年間《ねんかん》、神《かみ》に仕《つか》える「斎院《さいいん》」の仕事《しごと》をしていたので、恋愛《れんあい》は禁《きん》じられていました。仕事《しごと》をはなれても基本的《きほんてき》には恋愛禁止《れんあいきんし》なので、生涯独身《しょうがいどくしん》を貫《つらぬ》くしかなかったのです。じつは、この秘密《ひみつ》の恋《こい》の相手《あいて》は藤原《ふじわらの》定家《ていか》という説《せつ》もあるのですが……。

「玉《たま》の緒《お》」は「魂《たましい》を肉体《にくたい》に結《むす》び付《つ》けるひも」のことですが、この場合《ばあい》は「命《いのち》」という意味《いみ》です。

忍《しの》ぶることの 弱《よわ》りもぞする

ゴロ暗記《あんき》

タマしのぶ

2字決《じき》まり ★★

かわいがっていた飼《か》い猫《ねこ》や飼《か》い犬《いぬ》が死《し》んでしまうと、悲《かな》しいよね。でも、人《ひと》よりも寿命《じゅみょう》が短《みじか》いペットを飼《か》っていると、そんなわかれは避《さ》けては通《とお》れないものだ。

飼《か》っていた猫《ねこ》のタマが死《し》んでしまい、生《い》きていたころの写真《しゃしん》を眺《なが》めたり、よく遊《あそ》んでいた遊《あそ》び道具《どうぐ》などをみてタマのことをしのぶ（思《おも》い返《かえ》す）、そんな場面《ばめん》をイメージしてみよう。

恋《こい》は、障害《しょうがい》があればあるほど燃《も》えあがるというよ。

見《み》せばやな 雄島《おじま》の海人《あま》の 袖《そで》だにも

ぬれにそぬ
れしいろは
かはらす

歌番号《うたばんごう》：90、出典《しゅってん》：千載集《せんざいしゅう》

訳《やく》

血《ち》の涙《なみだ》で色《いろ》が変《か》わった私《わたし》の袖《そで》を、あなたに見《み》せたいものです。雄島《おじま》の漁師《りょうし》の袖《そで》はどんなに涙《なみだ》で濡《ぬ》れても色《いろ》は変《か》わらなかったけれど。

作者《さくしゃ》

殷富門院大輔《いんぷもんいんのたいふ》（生没年不明《せいぼつねんふめい》）
後白河天皇《ごしらかわてんのう》の皇女《こうじょ》に女房《にょうぼう》として仕《つか》えた。優《すぐ》れた歌《か》人《じん》で、藤原定家《ふじわらのていか》とも親交《しんこう》があった。

血《ち》の涙《なみだ》を見《み》せましょうか

中国《ちゅうごく》の漢詩《かんし》に「泣《な》き続《つづ》けるとしまいには血《ち》の涙《なみだ》が出《で》る」という意味《いみ》の「血涙《けつるい》」という表現《ひょうげん》があり、ひどく悲《かな》しいときに流《なが》す涙《なみだ》のことをいいました。着物《きもの》の袖《そで》が涙《なみだ》で「色《いろ》が変《か》わる」ということは「血《ち》の涙《なみだ》」だから。それほど、ひどく悲《かな》しくて激《はげ》しく泣《な》いたということなのです。

これは「後拾遺和歌集《ごしゅういわかしゅう》」に入《はい》っている源重之《みなもとのしげゆき》の「本《ほん》歌《か》取《ど》り」の歌《うた》として、歌合《うたあわせ》で作《つく》られました。本歌取《ほんかど》りというのは有名《ゆうめい》な歌《うた》の表現《ひょうげん》を取《と》り入《い》れて、新《あたら》しい歌《うた》を作《つく》る技法《ぎほう》のことです。恋《こい》のつらさを「血《ち》の涙《なみだ》」を使《つか》うことで、本歌《ほんか》よりもいっそう深《ふか》く悲《かな》しく表現《ひょうげん》しています。

ぬれにぞぬれし　色《いろ》は変《かわ》はらず

ゴロ暗記《あんき》　店《みせ》ぬれぬれ

2字決《じき》まり ★★

下《しも》の句《く》の「ぬれにぞぬれし」という印象《いんしょう》に残《のこ》りやすいフレーズをゴロ暗記《あんき》に利用《りよう》しよう。上《かみ》の句《く》の「見《み》せ」を「店《みせ》」だということにすれば「店《みせ》ぬれぬれ」となる。

雨《あめ》のなか、犬《いぬ》2ひきと散歩《さんぽ》に出《で》たところ、雨脚《あまあし》が強《つよ》くなってしまった。しかたなくコンビニの店先《みせさき》で雨宿《あまやど》りしていると、犬《いぬ》が体《からだ》をブルブルブルッ！　……あ〜あ、お店《みせ》の前《まえ》がぬれぬれになってしまったよ。

「血《ち》の涙《なみだ》」とは強烈《きょうれつ》な表現《ひょうげん》だね。

きりぎりす 鳴《な》くや霜夜《しもよ》の さむしろに

ころもかた
しきひとり
かもねむ

歌番号《うたばんごう》：91、出典《しゅってん》：新古今集《しんこきんしゅう》

訳《やく》

こおろぎが鳴《な》く霜《しも》の降《お》りた夜《よる》。寒々《さむざむ》としたむしろの上《うえ》に、私《わたし》は着物《きもの》の片方《かたほう》の袖《そで》を敷《し》いて、一人寂《ひとりさび》しく寝《ね》るのでしょうか。

作者《さくしゃ》

後京極摂政前太政大臣《ごきょうごくせっしょうさきのだいじょうだいじん》（1169～1206年《ねん》）
本名《ほんみょう》は藤原良経《ふじわらのよしつね》。新古今集《しんこきんしゅう》の仮名序《かなじょ》を書《か》く。漢《かん》詩《し》、書道《しょどう》にも秀《ひい》でており、政治《せいじ》の場《ば》でも活躍《かつやく》した。

妻《つま》に先立《さきだ》たれた寂《さび》しさよ

ひとりぼっちで過《す》ごす、寒《さむ》い秋《あき》の夜《よる》をよんだ歌《うた》です。霜《しも》がおりるほど寒《さむ》く静《しず》かな夜《よる》に、こおろぎの鳴《な》く声《こえ》が聞《き》こえ、さびしさが一層強《いっそうつよ》く感《かん》じられます。

平安時代《へいあんじだい》は男女《だんじょ》がいっしょに寝《ね》るときは、お互《たが》いの着《き》物《もの》の袖《そで》を敷《し》きました。ところが作者《さくしゃ》はこの歌《うた》をよむ直前《ちょくぜん》に妻《つま》を亡《な》くし、夜《よる》を一人《ひとり》で過《す》ごしていたのです。だから「片方《かたほう》の袖《そで》だけを敷《し》いて寝《ね》る」なのです。

「きりぎりす」とありますが、これは今《いま》でいう「こおろぎ」で秋《あき》の虫《むし》です。「さむしろ」とは「粗末《そまつ》な敷物《しきもの》」のことですが、「寒《さむ》し」という意味《いみ》も含《ふく》まれています。

衣《ころも》かたしき　ひとりかも寝《ね》む《ん》

コオロギの鳴《な》き声《ごえ》を聞《き》くと秋《あき》を感《かん》じるね

ゴロ暗記《あんき》　きりぎりす、ころも硬《かた》い！　2字決《じき》まり ★★

虫《むし》のからだって不思議《ふしぎ》！　どの虫《むし》も、固《かた》いからのようなもので、体《からだ》がおおわれているよね。

ここでは、「きりぎりす」というだれでも想像《そうぞう》しやすい言葉《ことば》をゴロ暗記《あんき》に使《つか》ってみよう。本当《ほんとう》は２字決《じき》まりだから、「きりぎりす」の「きり」さえわかれば、この歌《うた》だと特定《とくてい》できるけれど、このほうが覚《おぼ》えやすいでしょ？

固《かた》いからといって、あまり強《つよ》くさわらないようにね。

たがいの着物《きもの》のそでをまくらにしたんだって！

わが袖《そで》は 潮干《しおひ》に見《み》えぬ 沖《おき》の石《いし》の

ひとこそし
らねかわく
まもなし

歌番号《うたばんごう》：92、出典《しゅってん》：千載集《せんざいしゅう》

訳《やく》

私《わたし》の袖《そで》は、引《ひ》き潮《しお》のときでさえ海中《かいちゅう》に隠《かく》れて見《み》えない石《いし》のよう。あの人《ひと》は知《し》らないだろうけど、涙《なみだ》に濡《ぬ》れて乾《かわ》く間《ま》もありません。

作者《さくしゃ》

二条院讃岐《にじょういんのさぬき》（1141?～1217?年《ねん》）

二条天皇《にじょうてんのう》に仕《つか》えたのでこう呼《よ》ばれた。天皇崩御《てんのうほうぎょ》後《ご》は後鳥羽院《ごとばいん》の中宮《ちゅうぐう》に仕《つか》え、後《のち》に出家《しゅっけ》した。

沖《おき》の石《いし》のように濡《ぬ》れた袖《そで》

「石《いし》に寄《よ》せる恋《こい》」というお題《だい》でよんだ歌《うた》です。「潮《しお》が引《ひ》いても見《み》えないくらい、海《うみ》の深《ふか》くに沈《しず》んでいる沖《おき》の石《いし》」はいつも濡《ぬ》れていることから、自分《じぶん》の着物《きもの》の袖《そで》が涙《なみだ》でずっと濡《ぬ》れている「乾《かわ》く間《ま》もない袖《そで》」の例《たと》えとして表《ひょう》現《げん》したのです。「石《いし》」という難《むずか》しいテーマを見事《みごと》な恋《こい》の歌《うた》にしたことで、この歌《うた》はたいそう評判《ひょうばん》になり、作者《さくしゃ》は「沖《おき》の石《いし》の讃岐《さぬき》」と呼《よ》ばれるようになったそうです。

「人《ひと》こそしらね」とは、「人《ひと》（恋人《こいびと》）は知《し》らないでしょうけれど」の意味《いみ》。沖《おき》の石《いし》は誰《だれ》にも知《し》られないということから、この恋《こい》は「秘密《ひみつ》の恋《こい》」なのかもしれません。

人《ひと》こそ知《し》らね 乾《かわ》く間《ま》もなし

ゴロ暗記《あんき》 **わが袖《そで》は人《ひと》こそ知《し》らねー** 3字《じ》決《き》まり ★★★

「わが」ではじまる歌《うた》は多《おお》いけど、それにつづいて「そ」ときたらこの歌《うた》だ。つまりこの歌《うた》は3字《じ》決《き》まり。

この歌《うた》のゴロ暗記《あんき》は、上《かみ》の句《く》の最初《さいしょ》の部分《ぶぶん》と下《しも》の句《く》の最初《さいしょ》の部分《ぶぶん》とをつなげただけ！　な～んて安直《あんちょく》！（笑）

そでのないシャツ（ノースリーブ）を着《き》てきた子《こ》が天然《てんねん》で、「あれ？　そではどこにいった？」とキョロキョロさがしている姿《すがた》をイメージしてみよう。

海《うみ》に沈《しず》む石《いし》と恋《こい》なんて、まるで関係《かんけい》なさそうなのにね。

世《よ》の中《なか》は 常《つね》にもがもな 渚《なぎさ》こぐ

あまのをふね
のつなて
かなしも

歌番号《うたばんごう》：93、出典《しゅってん》：新勅撰集《しんちょくせんしゅう》

訳《やく》

世《よ》の中《なか》がいつまでも変《か》わらないでいてほしいものです。渚《なぎさ》をこいでいく漁師《りょうし》が小舟《こぶね》の綱手《つなで》を引《ひ》く様子《ようす》は、のどかで心《こころ》ひかれます。

作者《さくしゃ》

鎌倉右大臣《かまくらのうだいじん》（1192～1219年《ねん》）
鎌倉幕府《かまくらばくふ》3代将軍《だいしょうぐん》、源実朝《みなもとのさねとも》。28歳《さい》で暗殺《あんさつ》された。藤原定家《ふじわらのていか》に和歌《わか》を教《おし》えてもらっていたという。

のどかな風景《ふうけい》を愛《あい》した歌《うた》

作者《さくしゃ》は鎌倉幕府《かまくらばくふ》を開《ひら》いた源頼朝《みなもとのよりとも》の次男《じなん》で、12歳《さい》で3代将軍《だいしょうぐん》になりました。しかし子どものころから政治《せいじ》の争《あらそ》いに巻《ま》き込《こ》まれ、28歳《さい》で暗殺《あんさつ》されてしまいました。そんな動乱《どうらん》の世《よ》のなかでしたから、戦《たたか》いのない平和《へいわ》でのどかな生活《せいかつ》を望《のぞ》んでいたのでしょう。漁師《りょうし》のいる素朴《そぼく》な風景《ふうけい》に、しみじみと心《こころ》ひかれるものを感《かん》じたのです。

「常《つね》にもがもな」の「もがも」は願《ねが》いを、「な」は感情《かんじょう》のたかぶりを表《あらわ》す言葉《ことば》で、「変《か》わらないでいてほしいなあ」という意味《いみ》になります。「かなしも」は、「悲《かな》しい」ではなく「身《み》にしみて心《こころ》ひかれる」という意味《いみ》です。

海人《あま》の 小舟《おぶね》の 綱手《つなで》かなしも

ゴロ暗記《あんき》 **よのなかはあまのふね** 5字《じ》決まり ★★★★★

たとえばこんなゴロ暗記《あんき》はどうだろう？

若《わか》くして海女《あま》さんになった女《おんな》の子《こ》がいたとしよう。彼女《かのじょ》は海女《あま》さんの仕事《しごと》に命《いのち》をかけ、「わたしの世《よ》の中《なか》はこの舟《ふね》にある！」と決意《けつい》している情景《じょうけい》をイメージしてはどうかな？

このゴロ暗記《あんき》だと、「おぶね」が「ふね」に変《か》わってしまっているけれど、舟《ふね》は舟《ふね》だからごカンベン。

将軍《しょうぐん》の子《こ》どもに生《う》まれたのは、作者《さくしゃ》にとって不幸《ふこう》だったろうね。

み吉野《よしの》の 山《やま》の秋風《あきかぜ》 さ夜《よ》更《ふ》けて

ふるさとさ
むくころも
うつなり

歌番号《うたばんごう》：94、出典《しゅってん》：新古今集《しんこきんしゅう》

訳《やく》

吉野《よしの》の山《やま》から秋風《あきかぜ》が吹《ふ》きこんで、夜《よる》が更《ふ》けると、この里《さと》は冷《ひ》え込《こ》み、衣《ころも》を打《う》つ音《おと》が寂《さび》しく聞《き》こえてきます。

作者《さくしゃ》

参議雅経《さんぎまさつね》（1170～1221年《ねん》）
本名《ほんみょう》は藤原雅経《ふじわらのまさつね》。和歌《わか》を83番《ばん》の藤原俊成《ふじわらのしゅんぜい》に学《まな》び、優《すぐ》れた歌人《かじん》として活躍《かつやく》した。蹴鞠《けまり》の名手《めいしゅ》。

寒々《さむざむ》とした吉野《よしの》の里《さと》

吉野《よしの》は、平安時代《へいあんじだい》には、しみじみとわびしさを感《かん》じるところとして和歌《わか》にも多《おお》く登場《とうじょう》するようになりました。そんなさびれた吉野《よしの》の里《さと》の寒々《さむざむ》とした秋《あき》の夜《よる》に、衣《ころも》を打《う》つ音《おと》が響《ひび》いているという歌《うた》です。「衣《ころも》を打《う》つ」とは、着《き》心地《ごこち》をよくするために布《ぬの》を木《き》のトンカチのような道具《どうぐ》でたたいて柔《やわ》らかくすること。物悲《ものがな》しい音《おと》に聞《き》こえるのでしょう。

この歌《うた》は31番《ばん》の坂上是則《さかのうえのこれのり》が作《つく》った別《べつ》の歌《うた》の本歌取《ほんかど》りです。元《もと》の歌《うた》の季節《きせつ》を秋《あき》に変《か》えたり、音《おと》で季節《きせつ》をとらえたりするなど、さらに味《あじ》わい深《ぶか》い歌《うた》になっています。

ふるさと寒《さむ》く　衣《ころも》打《う》つなり

ゴロ暗記《あんき》　三好《みよし》のふるさと　2字《じ》決《き》まり★★

「み吉野《よしの》の」の「み吉野《よしの》」は、奈良《なら》にある吉野《よしの》という場《ば》所《しょ》のことだけど、ゴロ暗記《あんき》のときは「三好《みよし》くん」だということにしよう。

その三好《みよし》くんのふるさとは、日本《にほん》でもっとも北《きた》にある北海道《ほっかいどう》。それも雪《ゆき》がたくさん降《ふ》るところらしい。そんなところで育《そだ》った三好《みよし》くんだから、少《すこ》しくらいの寒《さむ》さはヘッチャラだね！

和歌《わか》では、音《おと》で気持《きも》ちを表《あらわ》すこともできるんだ。

おほ《お》けなく うき世《よ》の民《たみ》に おほ《お》ふ《う》かな

わかたつそ
まにすみそ
めのそて

歌番号《うたばんごう》：95、出典《しゅってん》：千載集《せんざいしゅう》

訳《やく》

身分不相応《みぶんふそうおう》ですが、この辛《つら》い世《よ》の中《なか》に生《い》きる人々《ひとびと》におおいをかけましょう。この比叡山《ひえいざん》に住《す》み始《はじ》めた、私《わたし》の墨染《すみぞ》めの衣《ころも》の袖《そで》を。

作者《さくしゃ》

前大僧正慈円《さきのだいそうじょうじえん》（1155～1225年《ねん》）
76番《ばん》の藤原忠通《ふじわらのただみち》の子《こ》。比叡山延暦寺《ひえいざんえんりゃくじ》の天台座主《てんだいざす》を長年務《ながねんつと》めた。歴史書《れきししょ》「愚管抄《ぐかんしょう》」の作者《さくしゃ》。

仏教《ぶっきょう》で世《よ》の中《なか》を救《すく》いたい

作者《さくしゃ》が生《い》きた時代《じだい》は、平安末期《へいあんまっき》から鎌倉時代《かまくらじだい》の始《はじ》まりにかけて。戦《いくさ》が起《お》こったり、伝染病《でんせんびょう》がはやったり、食料《しょくりょう》不足《ぶそく》で飢饉《ききん》が起《お》きたりするなど不幸《ふこう》が続《つづ》きました。たくさんの人《ひと》が死《し》んでいくのを見《み》てきた作者《さくしゃ》は、僧侶《そうりょ》として比叡山《ひえいざん》に住《す》み始《はじ》めたばかりの自分《じぶん》の立場《たちば》をへりくだりながらも、「仏教《ぶっきょう》でこの辛《つら》い世《よ》の人々《ひとびと》を救《すく》いたい」という強《つよ》い決心《けっしん》を歌《うた》にしたのです。

「おほけなく」は「身《み》のほどにふさわしくないことだが」という意味《いみ》で、作者《さくしゃ》の謙虚《けんきょ》な気持《きも》ちがうかがえます。「墨染《すみぞ》めの袖《そで》」とは僧侶《そうりょ》が着《き》る黒《くろ》い衣《ころも》のことです。

わが立《た》つ杣《そま》に すみぞめの袖《そで》

いつの時代《じだい》も平《へい》和《わ》がみんなの一《いち》番《ばん》の願《ねが》いだね

ゴロ暗記《あんき》

おほ！ わがたつ！

3字決《じき》まり ★★★

「おほ」を「オッホー！」と英語風《えいごふう》に発音《はつおん》してみよう！

とくに意味《いみ》はないけど、とにかくすごい！　という感《かん》じだね。「わがたつ」は「輪《わ》が立《た》つ」、ここでは「輪《わ》ゴムが机《つくえ》の上《うえ》に立《た》った」とイメージしてみよう。

輪《わ》ゴムが輪《わ》っかの状態《じょうたい》のままで立《た》つ、なんてめったにあるものじゃないよね。それを見《み》て「おほ！」と思《おも》わずさけんだんだ。

世《よ》のため人《ひと》のためにがんばるぞ！　という決意《けつい》の歌《うた》だ。

花《はな》さそふ《う》 嵐《あらし》の庭《にわ》の 雪《ゆき》ならで

ふりゆくも
のはわかみ
なりけり

歌番号《うたばんごう》：96、出典《しゅってん》：新勅撰集《しんちょくせんしゅう》

訳《やく》

桜《さくら》の花《はな》を散《ち》らす嵐《あらし》が吹《ふ》く庭《にわ》。まるで雪《ゆき》のように花《はな》びらが降《ふ》るのですが、本当《ほんとう》に古《ふる》びていくのは年老《としお》いていくわが身《み》なのです。

作者《さくしゃ》

入道前太政大臣《にゅうどうさきのだいじょうだいじん》（1171～1244年《ねん》）
本名《ほんみょう》は藤原公経《ふじわらのきんつね》。藤原定家《ふじわらのていか》の義理《ぎり》の弟《おとうと》。承久《じょうきゅう》の乱《らん》のあと、太政大臣《だじょうだいじん》になり政治《せいじ》の権力《けんりょく》をにぎった。

桜《さくら》が散《ち》る様子《ようす》をながめて

作者《さくしゃ》は天皇家《てんのうけ》にも幕府《ばくふ》にも親戚関係《しんせきかんけい》であったため、鎌《かま》倉《くら》時代《じだい》に入《はい》ってから大《おお》きな力《ちから》をもち、出世《しゅっせ》して太政大臣《だじょうだいじん》になりました。作者《さくしゃ》が京都《きょうと》にもっていた別荘《べっそう》であった西《さい》園寺《おんじ》は、現在《げんざい》の金閣寺《きんかくじ》です。

桜《さくら》が散《ち》っている様子《ようす》は美《うつく》しいですが、どこか物悲《ものがな》しさも感《かん》じるものです。作者《さくしゃ》は散《ち》っている桜《さくら》の花《はな》びらをながめながら、自分《じぶん》が年《とし》をとって老《お》いたことを実感《じっかん》したのでしょう。「どんなに成功《せいこう》して栄華《えいが》を極《きわ》めても、人《ひと》はむなしく死《し》んでしまうのだ」と、これまでの人生《じんせい》を振《ふ》り返《かえ》り、どうすることもできない老《お》いを嘆《なげ》いているようです。

ふりゆくものは　わが身《み》なりけり

ゴロ暗記《あんき》　鼻差不利《はなさふり》

3字決《じき》まり ★★★

上《かみ》の句《く》の「花《はな》さ」、下《しも》の句《く》の「ふり」を合《あ》わせて「鼻《はな》差不利《さふり》」というゴロ暗記《あんき》はどうだろう。「鼻差《はなさ》」という表現《ひょうげん》は、ここでは「鼻《はな》の高《たか》さの差《さ》」ということにする。

鼻《はな》が高《たか》くて美人《びじん》、ということで有名《ゆうめい》なエジプトの女王《じょおう》・クレオパトラ。そのクレオパトラに嫉妬《しっと》する、鼻《はな》の低《ひく》い女《おんな》の子《こ》という設定《せってい》はどうかな？

どんな人《ひと》も、いつかは必《かなら》ず死《し》ぬということだ。

来《こ》ぬ人《ひと》を まつほの浦《うら》の 夕《ゆう》なぎに

やくやもし
ほのみもこ
かれつつ

歌番号《うたばんごう》：97、出典《しゅってん》：新勅撰集《しんちょくせんしゅう》

訳《やく》

いくら待《ま》っても来《こ》ない恋人《こいびと》を待《ま》っている私《わたし》は、松帆《まつほ》の浦《うら》で夕方《ゆうがた》に焼《や》く藻塩《もしお》のように、身《み》もこがれるくらいにあなたに恋《こ》いこがれています。

作者《さくしゃ》

権中納言定家《ごんちゅうなごんさだいえ》（1162〜1241年《ねん》）

本名《ほんみょう》は藤原定家《ふじわらのていか》。83番《ばん》の藤原俊成《ふじわらのしゅんぜい》の子《こ》。この「小《お》倉百人一首《ぐらひゃくにんいっしゅ》」の選者《せんじゃ》である。

藻塩《もしお》のようにこがれる恋《こい》

いよいよこの「百人一首《ひゃくにんいっしゅ》」の立役者《たてやくしゃ》、藤原定家《ふじわらのていか》の登場《とうじょう》です。この歌《うた》は、「万葉集《まんようしゅう》」にでてくる歌《うた》を本歌《ほんか》として、女性《じょせい》の立場《たちば》でよんだもの。

風《かぜ》がやんだ静《しず》かな夕《ゆう》なぎのころ、浜《はま》では海藻《かいそう》を焼《や》いて藻塩《もしお》を作《つく》るのどかな風景《ふうけい》が見《み》られます。その静《しず》かなたたずまいとは対照的《たいしょうてき》に、「身《み》もこがれそうになるほど激《はげ》しい恋心《こいごころ》」を重《かさ》ねていて、いつまでたっても来《こ》ない男性《だんせい》を待《ま》つ女性《じょせい》のつらい気持《きも》ちを際立《きわだ》たせています。

「松帆《まつほ》の浦《うら》」は、兵庫県淡路島《ひょうごけんあわじじま》にある海岸《かいがん》です。「松《まつ》帆《ほ》」に恋人《こいびと》を「待《ま》つ」の意味《いみ》もかけられています。

焼《や》くや藻《も》塩《しお》の 身《み》も焦《こ》がれつつ

ゴロ暗記《あんき》 来《こ》ぬ役《やく》

2字決《じき》まり ★★

下《しも》の句《く》の「焼《や》く」を、「役《やく》」と読《よ》み替《か》えてみよう。ちょっとかわいそうだけど、がんばってるゴロ暗記《あんき》ができるよ。

なかなか売《う》れない俳優《はいゆう》さん。演技力《えんぎりょく》には自信《じしん》があるんだけど、なぜか役《やく》がこない。いつでもどんな役《やく》でも演《えん》じきる準備《じゅんび》はできているんだけどなぁ。まぁ仕方《しかた》ない、今日《きょう》もせっせとけいこだ！

塩《しお》を焼《や》く炎《ほのお》と、恋心《こいごころ》の炎《ほのお》。どちらもはげしいね。

風《かぜ》そよぐ ならの小川《おがわ》の 夕暮《ゆうぐ》れは

みそきそな
つのしるし
なりける

歌番号《うたばんごう》：98、出典《しゅってん》：新勅撰集《しんちょくせんしゅう》

訳《やく》

風《かぜ》がそよそよとならの葉《は》に吹《ふ》いている小川《おがわ》の夕暮《ゆうぐ》れは涼《すず》しくて、もう秋《あき》のようです。しかしみそぎの行事《ぎょうじ》があるから夏《なつ》である証拠《しょうこ》ですね。

作者《さくしゃ》

従二位家隆《じゅうにいいえたか》（1158〜1237年《ねん》）
本名《ほんみょう》は藤原家隆《ふじわらのいえたか》。83番《ばん》の藤原俊成《ふじわらのしゅんぜい》に歌《うた》を習《なら》った。定家《ていか》とも仲《なか》が良《よ》く、すぐれた歌人《かじん》として活躍《かつやく》。

涼《すず》しいけど、まだ夏《なつ》です

この歌《うた》は17番《ばん》の歌《うた》とおなじ「びょうぶ歌《うた》」。びょうぶに描《えが》かれた絵《え》をみて歌《うた》をよむというものです。作者《さくしゃ》は涼《すず》しいそよ風《かぜ》に「もう秋《あき》か」と感《かん》じたのですが、夏《なつ》の終《お》わりの「みそぎ」の行事《ぎょうじ》があるのだから「いや、まだ夏《なつ》なんだなあ」と季節《きせつ》を確認《かくにん》しました。そんな夏《なつ》から秋《あき》への季節《きせつ》の変《か》わり目《め》を巧《たく》みな表現《ひょうげん》でよんだ歌《うた》です。

「みそぎ」とは、罪《つみ》やけがれをはらいのぞくために、川《かわ》で水《みず》をかけて身《み》を清《きよ》めることで、6月《がつ》と12月《がつ》の終《お》わりに行《おこな》われます。この歌《うた》のみそぎは、もちろん6月《がつ》の終《お》わりの「夏越《なご》しのはらえ」のことでしょう。

禊《みそぎ》ぞ夏《なつ》のしるしなりける

季節《きせつ》の変《か》わり目《め》は体調《たいちょう》を崩《くず》しやすいから気《き》をつけよう

ゴロ暗記《あんき》 風邪《かぜ》そーなら味噌汁《みそしる》

3字決《じき》まり ★★★

この歌《うた》のゴロ暗記《あんき》は、とくに下《しも》の句《く》の扱《あつか》いに注意《ちゅうい》だ。「禊《みそぎ》ぞ夏《なつ》のしるしなりける」のうち、「みそ」と「しる」に注目《ちゅうもく》している。また上《かみ》の句《く》も「風《かぜ》そ」と「なら」に注《ちゅう》目《もく》し、その間《あいだ》の「よぐ」は無視《むし》しているから、気《き》をつけよう。

風邪《かぜ》をひくと、つらくてごはんを食《た》べられないこともあるよね。そんなときはみそ汁《しる》だ!

この歌《うた》のように、つねに季節《きせつ》を感《かん》じられるようにしたいね。

人《ひと》もをし《お》 人《ひと》も恨《うら》めし あぢ《じ》きなく

よをおもふ
ゆゑにもの
おもふみは

歌番号《うたばんごう》：99、出典《しゅってん》：続後撰集《しょくごせんしゅう》

訳《やく》

人《ひと》というものが愛《いと》しくも、恨《うら》めしくも思《おも》われます。この世《よ》をつまならいと思《おも》って、いろいろと悩《なや》んでしまうこの私《わたし》には。

作者《さくしゃ》

後鳥羽院《ごとばいん》（1180〜1239年《ねん》）

第《だい》82代天皇《だいてんのう》。4歳《さい》で天皇《てんのう》になる。承久《じょうきゅう》の乱《らん》をおこして幕府軍《ばくふぐん》に敗《やぶ》れ、隠岐《おき》に流《なが》された。

天皇《てんのう》の複雑《ふくざつ》な気持《きも》ち

作者《さくしゃ》は4歳《さい》で天皇《てんのう》になり、19歳《さい》で退位《たいい》して上皇《じょうこう》として政治《せいじ》に携《たずさ》わりました。この歌《うた》は、鎌倉幕府《かまくらばくふ》との争《あらそ》いが激《はげ》しくなったころによまれたようです。天皇《てんのう》であっても自《じ》分《ぶん》の思《おも》うように世《よ》の中《なか》を動《うご》かすことができないもどかしさを感《かん》じていた作者《さくしゃ》は、「人《ひと》を愛《いと》しく思《おも》うときもあれば、うらみに思《おも》うときもある」と、天皇《てんのう》という立場《たちば》だからこその悩《なや》みを抱《かか》えていたのでしょう。のちに鎌倉幕府《かまくらばくふ》を倒《たお》すために承久《じょうきゅう》の乱《らん》をおこしますが、幕府軍《ばくふぐん》に敗《やぶ》れて隠岐《おき》の島《しま》へ流《なが》されました。

「ひともをし」の「をし」は、「愛《を》し」と書《か》きます。

世《よ》を思《おも》ふ《う》ゆゑ《え》に　物思《ものおも》ふ《う》身《み》は

ゴロ暗記《あんき》　人《ひと》も押《お》し世《よ》を思《おも》う　｜3字決《じき》まり★★★

このゴロ暗記《あんき》は、ほかのとくらべてちょっと高級《こうきゅう》かもしれない！（笑）

夜《よる》になって、ちょっとおつかれ気味《ぎみ》で帰《かえ》ってきたおとうさん。その姿《すがた》をみて、「おとうさん、きっと朝《あさ》も夜《よる》も満員電車《まんいんでんしゃ》で押《お》されて、ときにはしかたなく人《ひと》を押《お》したりして、会社《かいしゃ》に行《い》ったり家《いえ》に帰《かえ》ってきたりしているんだろうな」と世《よ》を思《おも》う子《こ》ども、というイメージはどう？

歴史《れきし》の授業《じゅぎょう》で必《かなら》ず登場《とうじょう》する、後鳥羽上皇《ごとばじょうこう》が作者《さくしゃ》だ。

ももしきや 古《ふる》き軒端《のきば》の しのぶにも

なほあまり
あるむかし
なりけり

歌番号《うたばんごう》：100、出典《しゅってん》：続後撰集《しょくごせんしゅう》

訳《やく》

宮中《きゅうちゅう》の古《ふる》びた軒先《のきさき》に生《は》えているしのぶ草《くさ》を見《み》るにつけても、しのんでもしのびきれないほどなつかしいのは、古《ふる》き良《よ》き昔《むかし》の時代《じだい》です。

作者《さくしゃ》

順徳院《じゅんとくいん》（1197〜1242年《ねん》）

第《だい》84代天皇《だいてんのう》。99番《ばん》の後鳥羽院《ごとばいん》の息子《むすこ》。承久《じょうきゅう》の乱《らん》で敗《やぶ》れ、新潟《にいがた》の佐渡島《さどがしま》に流《なが》された。

昔《むかし》の時代《じだい》がなつかしい

作者《さくしゃ》は99番《ばん》の後鳥羽院《ごとばいん》の息子《むすこ》です。この歌《うた》は作者《さくしゃ》が天《てん》皇《のう》である20歳《さい》ごろによまれました。すでに鎌倉幕府《かまくらばくふ》が勢《せい》力《りょく》をつけていて、昔《むかし》のような天皇中心《てんのうちゅうしん》の政治《せいじ》、貴族《きぞく》を中《ちゅう》心《しん》とした華《はな》やかな朝廷《ちょうてい》はありません。すっかりさびれてしまった宮中《きゅうちゅう》の建物《たてもの》をみて、1番《ばん》の天智天皇《てんじてんのう》に始《はじ》まった王朝時代《おうちょうじだい》に思《おも》いをはせながら、そんな天皇家《てんのうけ》が栄《さか》えていた時代《じだい》が終《お》わってしまったことにため息《いき》をついている様《よう》子《す》が目《め》に浮《う》かびます。

「ももしき」というのは「百敷」と書《か》きます。たくさんの石《いし》を敷《し》いた城《しろ》という意味《いみ》で、「宮中《きゅうちゅう》」をさす言葉《ことば》です。

なほ《お》あまりある　昔《むかし》なりけり

「昔《むかし》は良《よ》かった」というのはよく聞《き》く言葉《ことば》だね

ゴロ暗記《あんき》　**ももしきなおあまり**　2字決《じき》まり ★★

「ももしき」は宮中《きゅうちゅう》という意味《いみ》だけど、ここでは「ももひき」がなまったということにしてしまおう！　ももひきなら知《し》ってるよね、両足《りょうあし》にはく、下着《したぎ》のようなものだ。寒《さむ》がりのおとながはいていることが多《おお》いぞ。

そのももひきを売《う》っているお店《みせ》があったとしよう。ちょっとつくりすぎてしまって、大安売《おおやすう》りしてもなおたくさんあまっている……。そんな状況《じょうきょう》だよ。

この歌《うた》で百人一首《ひゃくにんいっしゅ》が終《お》わるのは象徴的《しょうちょうてき》だね。

かるたの遊《あそ》び方《かた》

最後《さいご》に、代表的《だいひょうてき》なかるたの遊《あそ》び方《かた》を紹介《しょうかい》します。友《とも》だちとやってみよう！

かるたには2種類《しゅるい》の札《ふだ》がある

▶読《よ》み札《ふだ》

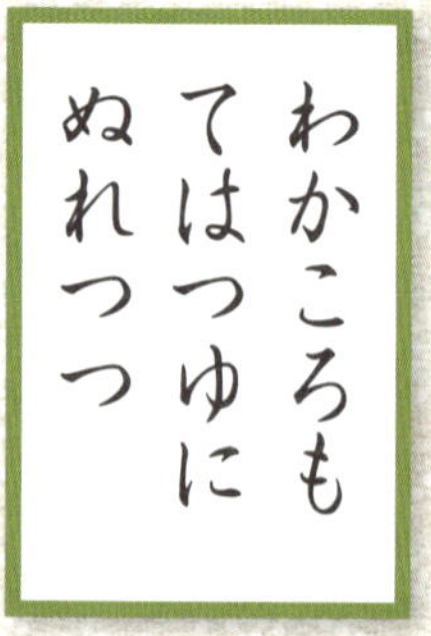

▶取《と》り札《ふだ》

百人一首《ひゃくにんいっしゅ》かるたには、読《よ》み札《ふだ》と取《と》り札《ふだ》の２種類《しゅるい》の札《ふだ》があります。読《よ》み札《ふだ》には上《かみ》の句《く》と下《しも》の句《く》、そして作者《さくしゃ》が表示《ひょうじ》されています。取《と》り札《ふだ》には、下《しも》の句《く》の文字《もじ》のみがひらがなで書《か》かれています。

かるた遊《あそ》び①ちらし取《ど》り

３人以上《にんいじょう》なら、人数《にんずう》が多《おお》くなっても遊《あそ》べます。ただしそのうち１人《ひとり》は読《よ》み札《ふだ》を読《よ》む係《かかり》になります。

【遊《あそ》び方《かた》】

㈠ 取《と》り札《ふだ》を、きれいに並《なら》べたりせずにバラバラに表《おもて》を上《うえ》にして置《お》く。

㈡ 読《よ》む係《かかり》の人《ひと》が、読《よ》み札《ふだ》をよく切《き》って順番《じゅんばん》がバラバラになるようにし、裏《うら》にして山《やま》をつくる。

㈢ 読《よ》む係《かかり》の人《ひと》が、読《よ》み札《ふだ》の山《やま》から1枚《まい》めくり、その和歌《わか》を声《こえ》に出《だ》してゆっくり読《よ》む。

㈣ 読《よ》む係以外《かかりいがい》の人《ひと》は、読《よ》まれた札《ふだ》の下《しも》の句《く》が書《か》いてある取《と》り札《ふだ》を探《さが》し、見《み》つけたらその札《ふだ》にタッチして取《と》る。

㈤ すべての札《ふだ》を読《よ》み終《お》わったら、取《と》った札《ふだ》の枚数《まいすう》を数《かぞ》え、いちばん多《おお》く札《ふだ》を取《と》った人《ひと》が勝《か》ち。

かるた遊《あそ》び②
源平合戦《げんぺいがっせん》

読《よ》む係《かかり》と、チームごとに2人《ふたり》以上《いじょう》の最低《さいてい》5人《にん》で遊《あそ》ぶ、本格的《ほんかくてき》なかるた競技《きょうぎ》だ。

【遊《あそ》び方《かた》】

㈠ 源氏《げんじ》チームと平氏《へいし》チームにチーム分《わ》けをする。チームの人数《にんずう》は同《おな》じになるようにする。

㈡ 源氏《げんじ》チームと平氏《へいし》チームが向《む》かい合《あ》ってすわり、それぞれのチームがランダムに割《わ》り当《あ》てられた50枚《まい》ずつの取《と》り札《ふだ》を17枚《まい》×3列《れつ》に並《なら》べる（一番遠《いちばんとお》くに並《なら》べた列《れつ》だけ、16枚《まい》と1枚少《まいすく》なく並《なら》べる）。

㈢ 読《よ》む係《かかり》の人《ひと》が、読《よ》み札《ふだ》をよく切《き》って順番《じゅんばん》がバラバラになるようにし、裏《うら》にして山《やま》をつくる。

㈣ 読《よ》む係《かかり》の人《ひと》が、読《よ》み札《ふだ》の山《やま》から1枚《まい》めくり、その和歌《わか》を声《こえ》に出《だ》してゆっくり読《よ》む。

㈤ 読《よ》まれた和歌《わか》の取《と》り札《ふだ》を取《と》る。自分《じぶん》の陣地《じんち》の札《ふだ》を取《と》った場合《ばあい》は、そのまま手元《てもと》に置《お》く。相手《あいて》の陣地《じんち》の札《ふだ》を取《と》った場合《ばあい》は、その札《ふだ》を手元《てもと》に置《お》いたうえで、自分《じぶん》の陣地《じんち》にある好《す》きな札《ふだ》（覚《おぼ》えていない歌《うた》がよい）を相手陣地《あいてじんち》に1枚置《まいお》く。

㈥ 陣地《じんち》の札《ふだ》がすべてなくなったほうのチームが勝《か》ち。

かるた遊《あそ》びのコツ
決《き》まり字《じ》を覚《おぼ》えよう

7ページで紹介《しょうかい》した決《き》まり字《じ》は、かるた遊《あそ》びで威力《いりょく》を発揮《はっき》します。和歌《わか》を暗記《あんき》するだけでなく、この決《き》まり字《じ》を覚《おぼ》えておけば、だれよりも早《はや》く取《と》るべき札《ふだ》がわかるからです。

決《き》まり字《じ》のポイント

◉7首《しゅ》ある一字《いちじ》決《き》まりの和歌《わか》は、最初《さいしょ》の音《おと》を聞《き》いただけで取《と》るべき札《ふだ》がわかるので、最初《さいしょ》に覚《おぼ》えておくとよい。220ページの「一字決《いちじき》まり」のところを確認《かくにん》しよう。

◉五字決《ごじき》まり、六字決《ろくじき》まりは、合《あ》わせて8枚《まい》ある。これらは最初《さいしょ》の文字《もじ》だけでは取《と》り札《ふだ》を決《き》められない。あわててお手《て》つきをしないよう、気《き》をつけよう。

決《き》まり字《じ》表《ひょう》

一字《いちじ》決《き》まり

	ページ
さびしさに→いづこもおなじ	156
すみのえの→ゆめのかよひぢ	52
せをはやみ→われてもすゑに	170
ふくからに→むべやまかぜを	60
ほととぎす→ただありあけの	178
むらさめの→きりたちのぼる	190
めぐりあひて→くもがくれにし	130

二字《にじ》決《き》まり

あけぬれば→なほうらめしき	120
あしびきの→ながながしよを	22
あひみての→むかしはものを	102
いにしへの→けふここのへに	138
うかりける→はげしかれとは	164
うらみわび→こひにくちなむ	146
おくやまに→こゑきくときぞ	26
をぐらやま→いまひとたびの	68
おとにきく→かけじやそでの	160
おもひわび→うきにたへぬは	180
かくとだに→さしもしらじな	118
かささぎの→しろきをみれば	28
きりぎりす→ころもかたしき	198
こぬひとを→やくやもしほの	210
このたびは→もみぢのにしき	64
こひすてふ→ひとしれずこそ	98
これやこの→しるもしらぬも	36
しのぶれど→ものやおもふと	96
しらつゆに→つらぬきとめぬ	90
たかさごの→とやまのかすみ	162
たきのおとは→なこそながれて	126
たごのうらに→ふじのたかねに	24
たちわかれ→まつとしきかば	48
たまのをよ→しのぶることの	194
たれをかも→まつもむかしの	84
ちはやぶる→からくれなゐに	50
つきみれば→わがみひとつの	62
つくばねの→こひぞつもりて	42
なつのよは→くものいづこに	88
ひさかたの→しづごころなく	82
みせばやな→ぬれにぞぬれし	196
みちのくの→みだれそめにし	44
みよしのの→ふるさとさむく	204
ももしきや→なほあまりある	216
もろともに→はなよりほかに	148
やすらはで→かたぶくまでの	134
やへむぐら→ひとこそみえね	110
ゆふされば→あしのまろやに	158
ゆらのとを→ゆくへもしらぬ	108
よもすがら→ねやのひまさへ	186
よをこめて→よにあふさかの	140
わびぬれば→みをつくしても	56

三字《さんじ》決《き》まり

あきかぜに→もれいづるつきの	174
あきのたの→わがころもでは	18

あさぢふの↓あまりてなどか 94

あはぢしま↓いくよねざめぬ 172

あはれとも↓みのいたづらに 106

あふことの↓ひとをもみをも 104

あまつかぜ↓をとめのすがた 40

あまのはら↓みかさのやまに 30

あらざらむ↓いまひとたびの 128

あらしふく↓たつたのかはの 154

ありあけの↓あかつきばかり 76

ありまやま↓いでそよひとを 132

いまこむと↓ありあけのつきを 58

いまはただ↓ひとづてならで 142

おほえやま↓まだふみもみず 136

おほけなく↓わがたつそまに 206

かぜそよぐ↓みそぎぞなつの 212

かぜをいたみ↓くだけてものを 112

ながからむ↓みだれてけさは 176

ながらへば↓うしとみしよぞ 184

なげきつつ↓いかにひさしき 122

なげけとて↓かこちがほなる 188

なにしおはば↓ひとにしられで 66

はなさそふ↓ふりゆくものは 208

はなのいろは↓わがみよにふる 34

はるすぎて↓ころもほすてふ 20

はるのよの↓かひなくたたむ 150

ひとはいさ↓はなぞむかしの 86

ひともをし↓よをおもふゆゑに 214

みかきもり↓ひるはきえつつ 114

みかのはら↓いつみきとてか 70

やまがはに↓ながれもあへぬ 80

やまざとは↓ひとめもくさも 72

わがいほは↓よをうぢやまと 32

わがそでは↓ひとこそしらね 200

わすらるる↓ひとのいのちの 92

わすれじの↓けふをかぎりの 124

四《よ》字《じ》決《き》まり

こころあてに↓おきまどはせる 74

こころにも↓こひしかるべき 152

ちぎりおきし↓あはれことしの 166

ちぎりきな↓すゑのまつやま 100

なにはえの↓みをつくしてや 192

なにはがた↓あはでこのよを 54

五《ご》字《じ》決《き》まり

よのなかは↓あまのをぶねの 202

よのなかよ↓やまのおくにも 182

六《ろく》字《じ》決《き》まり

あさぼらけ あり↓よしののさとに 78

あさぼらけ うぢ↓あらはれわたる 144

きみがため はる↓わがころもでに 46

きみがため をし↓ながくもがなと 116

わたのはら こぎ↓くもゐにまがふ 168

わたのはら やそ↓ひとにはつげよ 38

●企画・編集　造事務所
文／船木麻里
巻頭・ゴロ暗記イラスト／TOKUDOME
情景イラスト／洵、TAKA、小野、kumimon
写真／写真 AC
キャラクターイラスト／イラスト AC
デザイン／小野瞳
DTP ／造事務所
○情景イラストの担当（ページ数）
洵／ 19, 21, 31, 35, 51, 59, 71, 95, 123, 145, 157, 159, 167, 173, 203
TAKA ／ 55, 69, 75, 77, 129, 133, 161, 181, 185, 189,
小野／ 33, 37, 41, 63, 87, 93, 97, 99, 105, 117, 121, 143, 151, 165, 177, 187, 191, 195, 201, 211
kumimon ／ 131, 135

○参考文献

『だれも知らなかった百人一首』（吉海直人・著、ちくま文庫）／『まんが百人一首大辞典』（吉海直人・監修、西東社）／『眠れないほどおもしろい百人一首』（板野博行・著、王様文庫）／『エピソードでおぼえる！ 百人一首おけいこ帖』（天野慶・著、睦月ムンク・イラスト、朝日学生新聞社）

○監修者プロフィール

吉海直人（よしかい・なおと）
國學院大學文学部卒業ののち、國學院大學大学院博士後期課程修了。現在、同志社女子大学教授、また公益財団法人小倉百人一首財団理事。『こんなに面白かった「百人一首」』（PHP 文庫）、『だれも知らなかった百人一首』（ちくま文庫）、『百人一首かるたの世界』（新典社新書）など、著書、監修書多数。

キミもかるた取《と》り名人《めいじん》！
ゴロ合《あ》わせ　マンガ百人一首《ひゃくにんいっしゅ》

2017 年 12 月 10 日　初版第 1 刷発行
2018 年 11 月 10 日　初版第 2 刷発行
監修者　吉海直人
編著者　株式会社 造事務所
発行者　小山隆之
発行所　株式会社 実務教育出版
163-8671　東京都新宿区新宿 1-1-12
電話　03-3355-1812（編集）　03-3355-1951（販売）
振替　00160-0-78270

印刷／文化カラー印刷　製本／東京美術紙工

ISBN978-4-7889-1450-6 C0037